レジリエンスとは何か

Resilience

枝廣淳子 著

東洋経済新報社

はじめに

もともとは物理用語のひとつだった「レジリエンス」という言葉が、「外的な衝撃にも、ぽきっと折れてしまわず、しなやかに立ち直る強さ」という概念として、さまざまな分野で使われるようになったのは、それほど昔のことではありません。

しなやかな強さという意味での「レジリエンス」の概念は、生態系の分野と心理学の分野でそれぞれ発展してきました。今ではそれらが重ね合うような広がりをもって、教育、子育て、防災、地域づくり、温暖化対策など、さまざまな分野で使われるようになっており、数多くの「レジリエンス向上」のための取り組みが展開されています。

レジリエンスの入門書である本書では、生態系と心理学の分野のそれぞれで、レジリエンスという考え方がどのように生まれてきたのか、そこから広がって、教育、防災や地域づくり、温暖化対策などのさまざまな分野で、どのようなレジリエンスへの取り組みが進められているのかを見ていきます。英国や米国、オーストラリアなどでは、日本では考えられないほど、国としてさまざまなレジリエンス強化に力を入れて取り組んでいるようすがわかっていただけると思います。

日本でも最近、政府の「国土強靱化」(ナショナル・レジリエンス)の取り組みなど、「レジリエンス」という言葉を聞くようになってきました。「国土強靱化」というと、国をコンクリートや堤防でがっちり固めるようなイメージもありますが、レジリエンスとは、ハード面を強固なものにすることではありません（強固すぎるとレジリエンスは失われます）。

東日本大震災でも、「東洋一の堤防」などハード面を強固なものにしたことで、「大丈夫」と安心していたところ、それが決壊して大惨事につながった地域もあります。逆に、「かつてここまで津波が来たから、この下には家を建てないように」という石碑の教えを守り続けて、全員の人命を守った地域もあります。本当のレジリエンスとは何なのか、どういった要素からつくり出すことができるのかを見ていきましょう。

また、米国などで盛んになりつつある、企業向けの「レジリエンス研修」が日本にも紹介されるようになってきました。しかし、「折れない社員をつくる」、つまり社員のレジリエンスを高めるとは、どんな過酷な状況下でも会社のために働き続ける人をつくるためのものではありません。同様に、いじめに対して、本人のレジリエンスを高めて、いじめられてもめげない強さを培うことも大事でしょうが、いじめが起きる環境をそのままにして、本人のめげない力を高めることで解決しようという取り組みは、自己責任論につながるだけで、真の問題解決にはなりません。

このように「レジリエンス」という言葉が日本でも使われるようになってきた現在、十分に理解されていないと感じるのは、「レジリエンスとは、システムの特性である」ということです[1]。システムとは、さまざまな要素が互いにつながったり影響を与え合ったりして、全体として何らかの営みをしたり機能したりしているものです。レジリエンスとは、個別の要素の特性ではなく、そういった要素がつながってできているシステムの特性のひとつなのです。組織のレジリエンスを高めたいのであれば、「社員のレジリエンスを高めればよい」と考えるのではなく、社員も経営陣をはじめとする内外のさまざまな環境・動機・行動など、さまざまな要素から成り立っている「組織」という「システム」のレジリエンスを高めるアプローチを考えなくてはなりません。システム思考の第一人者のドネラ・メドウズ氏が言うように、「従業員がうまくいっていないのに、会社はうまくいくということは不可能(2)」なのです。

のちに紹介するオーストラリア政府の「レジリエンス教育」プログラムは、日本と同じ悩みである、いじめ問題への対処として立ち上げられたものですが、その内容は、単にいじめられている子やいじめている子だけではなく、ほかの子どもたちも含めたクラス全体、教師、学校、地域などからなる、「システム」への働きかけを重視するものです。完璧ではないでしょうが、よいお手本のひとつになると思います。

今後の不確実で不安定な世界に生きていく上で、個人にとっても組織や地域、社会にとっても、「レジリエンス」は、大事な考え方であり、日本でもさまざまな分野で取り組みが広がってほしいと強く願っています。その際に、「レジリエンスの意味するもの」について、誤解や部分的な理解ではなく、「レジリエンスとは本来どういうものなのか」をしっかり理解した上で、取り組みを進めてほしいと思い、本書を書きました。

これからの激動の時代をたくましくしなやかに強く生き抜いていくために、私たち一人ひとり、それぞれの組織や地域、そして社会全体がレジリエンスの大事さを理解し、持続可能性と幸せにつながる「本当のレジリエンス」を高める取り組みが広がることを願ってやみません。

目次◉レジリエンスとは何か

第2章 折れないこころをつくる～レジリエンスの心理学

第2部 折れないこころ、暮らし、地域、社会をつくる

第3章 折れない子どもをはぐくむ学校～レジリエンスを高める教育

第4章 折れない子どもを育てる～家庭で高めるレジリエンス

第7章　折れない自治体や都市をつくる

第8章 住民の力で、何があっても折れない地域をつくる

第3部 自分と家族のレジリエンスを高めるには

第9章 折れない人生・折れない暮らしをつくる

序章

レジリエンスとは何か

◉東日本大震災の教訓

2011年3月11日の東日本大震災は、日本の社会や産業、私たちの暮らしが実はかなりもろい土台の上になりたっていたことを痛感させる出来事でした。

私が10年ほど前に世界の有識者のネットワークからその概念を学び、「これからますます大事になっていく」と考えていた「レジリエンス（resilience）」の重要性をあぶり出した出来事だったと思っています。

レジリエンスという英語は、「復元力」「弾力性」「再起性」などと訳される言葉ですが、私はよく「しなやかな強さ」と訳します。強い風にも重い雪にも、ぽきっと折れることなく、しなってまた元の姿に戻る竹のように、「何かあってもしなやかに立ち直れる力」のことです。

大震災は、私たちの社会や暮らしがこのレジリエンスを失っていたことをまざまざと見せつけたのでした。

たとえば、震災後、物流や生産が完全に麻痺してしまいました。大きな震災の後、一時的にいろいろなものが止まるのは仕方がないとしても、かなり長期間にわたって、暮らしの必需品も届かず、部品が調達できなくなり、工場の生産も休止せざるをえなくなったのです。

なぜ、このような状況になってしまったのでしょうか？

原因の一つは、物流にしても生産にしても、できるだけ途中のプロセスで在庫を持たない「ジャスト・イン・タイム」が行き渡っていたことだと考えられます。

かつてのシステムではあちこちに在庫がありましたが、「それでは効率が悪い」ということで、在庫を持たず、コストが安くてすむ、効率のよい仕組みに変えてきました。さらに、部品を安く仕入れるために、調達先をしぼって一社に依存するようになっていた企業も多くありました。こうした状況で今回の震災のような「何か」が起こると、すべてがストップしてしまう構造になっていたといえるでしょう。

ジャスト・イン・タイム方式も調達先の絞り込みも、何も問題がない「平時」には一番効率の良い方法です。でもそれは、今回のように「何か」あったときにしなやかに回復する力を損なうという面もあります。私たちの社会は、短期的な経済効率やコストを重視するあまり、平時にはその重要性が見えにくい、中長期的なレジリエンスを失ってしまっていたのです。

私たちの暮らしもレジリエンスを失っていたのかもしれません。たとえば、安い深夜電力を使えるなどのアピールに惹かれて家をオール電化にしていたが、今回の停電ですべて止まってしまってひどく困った、という声もあちこちから聞かれました。

震災当日、東京も大きく揺れました。一人暮らしの知り合いが「自分の暮らしがいかに危ういものであるかに気づいて身震いした」と言っていました。「仕事が忙しくて、会社から夜遅くアパートに帰ってくるだけの毎日で、近所の人と話をしたこともない。だから、自分もまわりの人の顔もわからないし、まわりの人も私の顔や暮らしを知らない。そんな状況で、震災が起こっても、だれも自分のことは気にしないだろうし、安否確認や救助の手も差し出されないだろう。確かに、仕事の効率だけを考えたら、近所とつきあう時間はないほうがよいけれど、これでよいのだろうか?」

大震災は、短期的な経済効率だけでなく、中長期的に何かがあったときにも「それでもしなやかに強く立ち直れる強さ」も重視し、暮らしや企業経営、社会づくりに組み込んでいかなくてはならない、ということを私たちに教えてくれたのだと思います。

◉世界で高まる「レジリエンス」への関心と取り組み

そして、そういった関心は日本だけのものではありません。実は、世界ではしばらく前から「レジリエンス」への関心が高まり、多くの研究者がこの分野での活動を進めているのです。レジリエンスをテーマとした国際学会や国際機関の会議なども数多く開催されています（残念ながら、こういった会議には日本からの参加者はほとんどいません）。

２０１４年５月にフランス・モンペリエで開催された「第３回国際レジリエンス会議──レジリエンスと開発・発展」に参加した私は、「東日本大震災から学ぶ、レジリエンスの教訓」と題し、数少ない日本人参加者として発表しました。この会議の開会セッションでは、国際機関やＥＵ、フランスの官僚たちがパネルディスカッションに登壇して、自分たちがいかにレジリエンスに取り組んでいるかを競い合うように発表しており、「開発政策や途上国支援においてもレジリエンスの観点が必須になっている」ことを強く感じました。

私がこれまで取り組んできた環境問題や持続可能性の分野でも、世界では「サステナビリティ（持続可能性）は大事だが、それだけでは足りない。これからはレジリエンスの時代だ」という声も大きくなってきています。

◉世界が「レジリエンス」に注目する理由

なぜここへ来て、レジリエンスの重要性が声高に訴えられるようになってきたのでしょうか?

それは、世界がますます不安定になり、かつ不確実性が高まってきているためです。

世界中で異常気象が頻発し、熱波や干ばつなどの天候不順もあり、各地で農作物の不作が報告されています。穀物価格は史上最高値に達し、多くの人々に打撃を与えています。

ハリケーンや台風が強大化しており、世界各地に大きな被害を与えています。降雨パターンの変化によって、洪水やそれに伴う土砂崩れ・山崩れも頻発しています。日本でも熱中症の死者が1000人を超えたり竜巻が起こったりするなど、これまでにない天候・気象状況が現れつつあります。

個々の異常気象が温暖化のせいであると科学的に断定することはできないとしても、「温暖化が進行すると増える」と予測されている極端現象が増えつつあることは間違いありません。しかし、温暖化の原因である二酸化炭素をはじめとする温室効果ガスの排出量は減るどころか増加の一途で、対策を進めるための国際交渉もなかなか進みません。

また、世界中の多くの国や地域が債務危機に直面しています。リーマン・ショックのもたらした金融危機は、世界中に大きな打撃を与えましたが、その根本的な原因に対しては手が打たれておらず、いつ何時、同様の金融危機・経済危機が再発してもおかしくないと考えられます。

そして日本は、高齢化が著しく進む人口減少社会に突入しました。今後、労働力や国内市場は急速に縮小していきます。一方、公的債務は非常に高い水準にあり、このままでは年金制度は破綻すると心配する声も多々聞かれます。日本経済の活性化や社会保障の再編、不安定化する雇用や拡大する格差の是正など、いくつもの大きな課題に直面しています。

ダボス会議として知られている「世界経済フォーラム」では毎年、世界中の産業界、政界、学術界、市民社会を代表する有識者1000人以上に調査した結果に基づいて、世界が直面しているリスクについて報告しています。

「グローバルリスク報告書2013年版」(1)のレポートに、計166回も登場しているキーワードとなり、メインテーマとして取り上げられたのが「レジリエンス」でした。三つのリスクケースの最初に、「経済と環境のレジリエンス」が取り上げられています。

グローバル経済システムへの圧力が続いているため、世界の指導者たちは直近の将来のことで頭がいっぱいである。その間にも、地球の環境システムへの圧力も同時に大きくなりつつある。今後、この二つのシステムが同時に衝撃を被った場合、「パーフェクト・グローバル・ストーム」とも呼べる、極めて解決しがたい事態を引き起こす可能性がある。経済分野では、大胆な金融政策や緊縮財政政策によって、グローバルなレジリエンスが試されている。環境分野では、さらに頻繁に深刻になっていくであろう世界気温の上昇と極端な異常気象によって、地球環境のレジリエンスが試されている。どちらかの分野で突如大規模な破綻が起これば、もう一方の分野での効果的で長期的な解決策を構築していく可能性をくじくことは間違いないだろう。財政危機や自然災害の発生の確率を考えた時、経済

システムのレジリエンスと環境システムのレジリエンスを同時に構築する方法はあるのだろうか？

このレポートの特集では、「国家の制御力や影響力が効かないグローバルリスクに対して、各国家がどのように備えるべきか」という課題を取り上げ、具体的なアプローチとして、「システム思考」や、危機から立ち直る「レジリエンス」という概念を国家に応用して考える方法を提示しました。

世界のグローバル化が進む現在、経済にせよ、環境問題にせよ、そのリスクは一国の内部にとどまるものではなく、また個々に対処できるものでもありません。このようなリスクは、それ自体多くの要素が複雑に絡み合ってできているため、従来型の「このリスク→この解決法」という、1対1の枠組みでは捉えきれなくなっているのです。だからこそ、システムとして全体を考え（システム思考）、単発の解決策ではなく、「レジリエンスが必要だ」ということなのです。

◉「レジリエンス」とは何か？

それほど大事になってきた、この時代の要請とも言える「レジリエンス」とは何なのでしょうか？

「はじめに」にも書いたように、「レジリエンス」はもともと、「反発性」「弾力性」を示す物理の用語です。ここから、「外からの力が加わっても、また元の姿に戻れる力」という意味で使われるようになりました。

レジリエンスの定義は、一義的に定まったものはなく、本書で見ていくように、それぞれの分野でもいくつかの定義がありますが、共通しているのは「外的な衝撃に耐え、それ自身の機能や構造を失わない力」ということです。強い風にしなって元の姿に戻る竹、山火事のあとの生態系の回復、愛する人との死別を乗り越えてたくましく生きてゆく人、大恐慌が起こっても石油の輸入が途絶えても大きな影響を受けずに持続する暮らしや地域など、さまざまな「レジリエンスがある姿」を、「レジリエンスがない姿」と対比して想像することができるでしょう。

◉何が「レジリエンス」をつくり出すのか

レジリエンスの構成要因についても、さまざまな研究が行われています。

さきほどの世界経済フォーラムの「グローバルリスク報告書2013年版」では、「レジリエンスとは、構造安定性、冗長性、人材・資源の豊かさ、反応力、復活力の五つの要因で構成されている」とし、この五つの要因を国家の五つのサブシステム（経済、環境、ガバナンス、インフラ、社会）ごとに見ていくことで、「国家のレジリエンス」の診断やモニタリングができると述べています。

一般的に、生態系などの分野でレジリエンスの要素としてよく挙げられるのは、「多様性」「モジュール性」「密接なフィードバック」です。一つずつ説明しましょう。

「多様性」がレジリエンスをつくり出すというのはわかりやすいでしょう。たとえば、震災などで数日間停電しても、ガスや薪や太陽光発電など多様なエネルギー源が使える状況なら、それほど困らないでしょう。自分のアイデンティティが「〇〇会社の××部長」だけだったら、会社が倒産したり失職・左遷したりすると、ぽきっと折れてしまうかもしれませんが、「夫であり、父親でもあり、地元の少年野球チームのコーチでもあり、同窓会の仲間のひとりでもあり……」とさまざまな

「自分」を持っていれば、「どれか一つがうまくいかなくても、全体が倒れてしまうことはない」強さを持つことができます。

「モジュール性」とは、ふだんは全体とゆるやかにつながっていても、いざというときには、自分たちを全体から切り離して、自分たちだけで成り立つようになっているかどうか、ということです。経済のグローバル化が進み、地球の反対側で起こったことが、グローバルなつながりの網の目を経て、自分たちにも大きな影響を与える時代です。その中で、たとえば、「地球の裏側で発生した金融危機の影響で、円やドル、ユーロが使えなくなっても、何らかの非常事態が発生して食料やエネルギーの輸入が途絶えても、うちの地域には地域通貨があるし、暮らしに必要な食料やエネルギーの地域内自給力も高いので、何とか回していける」という地域は、モジュール性が高く、レジリエンスに富んでいると考えられます。

「密接なフィードバック」とは、システムのある部分に起こる変化を、他の部分が感じて反応する速さと強さのことです。「変化が起きつつある」という情報が伝わる、つまり、フィードバックが来るのに時間がかかったり、場合によっては、フィードバックが来なかったり、間違っていたりすると、手を打つべきタイミングに気がつかなかったり、必要な対応をすることができず、外的な衝撃がやってきたときには手遅れになっていて、大きな被害を受けてしまうかもしれません。

◉重要性を増すレジリエンスの考え方と取り組み

激化する気候変動の影響、いつ何時起きてもおかしくない大震災や金融危機、エネルギー危機、一方で、人口が減少し、高齢化が進み、膨大な財政赤字を抱え、人と人とのつながりや絆がどんどん弱くなっている地域や社会――。

こういった状況では、政府や「だれか」に頼って危機を切り抜けようとするやり方はうまくいきません。そうではなく、一人ひとりが、それぞれの家庭が、それぞれの企業や組織が、それぞれの地域や社会が、「外的な衝撃がやってきても、ぽきっと折れることなく、しなやかに強く立ち直れる力」を身につけておくことが大切です。今後ますます、レジリエンスの考え方を理解し、レジリエンスを強化するための具体的な取り組みを進めていくことが重要になってくるでしょう。

次章から、さまざまな分野でのレジリエンスの考え方や内外の取り組みを紹介していきます。「しなやかな強さ」というレジリエンス概念の〝両親〟ともいえる「生態系」と「心理学」の分野から説明をしていきますが、どうぞご自分の関心のある分野から読み進めてください。

第1部

レジリエンスの基礎を知る

第1章
生態系のレジリエンス

◉回復したサンゴ、回復しなかったサンゴ

沖縄のサンゴの話です。１９９８年、海水の高温化による大規模なサンゴの白化現象が世界各地で起きました。新聞記事[1]によると、沖縄県瀬底島の海域では、この大規模な白化現象によってサンゴは一時的に減りましたが、その後、ほぼ元通りに回復したそうです。

ところが、沖縄本島の河口付近のサンゴはそうではありませんでした。沖縄県が１９９５年から２００９年にかけて、17～20カ所の河口付近で単位面積当たりのサンゴが生息する面積の割合を調べたところ、１９９５年には平均24・４％だったのが、98年夏の世界的な白化現象により99年には12・１％へ半減。その後も減少が続き、２００９年は7・５％にまで減っていました。

瀬底島の海域のサンゴは、高温現象という一時的な外的な衝撃から回復することができましたが、沖縄本島の河口付近のサンゴは回復できなかったのです。受けた衝撃は同じはずなのに、何が違ったのでしょうか?

瀬底島の海域にはダメージから回復する力である「レジリエンス」があり、本島の河口付近の海域はその「レジリエンス」を失っていたのです。この違いを生み出したのは何だったのでしょうか?

◉生態系のレジリエンスとは

自然の見えない価値を経済的に明らかにすることを通して、生物多様性がグローバルにどれほどの経済的利益を提供しているか、生物多様性の損失および生態系の破壊はどのくらい大きなコスト

になるのかを提示した国際研究プロジェクト「生態系と生物多様性の経済学」（ＴＥＥＢ）には、鍵を握る概念として、「レジリエンス」が随所に登場します。

ＴＥＥＢでは、レジリエンスを「質的に異なる状態に転じることなく、攪乱《かくらん》（たとえば財政的危機、洪水、火災など）に対処するシステム（たとえばコミュニティ、社会、生態系など）の能力」と定義し、「レジリエンスを有するシステムは、衝撃や思いがけない出来事に耐え、ダメージを受けた場合、自ら再構築できる能力を持つ。従って、レジリエンスとは、システムの持つ、変化に対応する能力と発展し続ける能力である」としています。

自然界（生態系）はつねに、さまざまな変動にさらされています。地震や洪水、山火事が起こるかもしれません。異常な高温や低温、大雨や干ばつ、病害虫の蔓延、人間による伐採や汚染などの影響も受けます。そういった攪乱に耐え、機能特性を失わずに回復する生態系の能力が「レジリエンス」です。

◉レジリエンスをつくり出す構造

レジリエンスとは、「何かをある幅の中に保とうとするフィードバックがしっかり回っていること」と言い換えることもできます（私たちの体温もこのタイプのフィードバックのおかげである幅に保たれています。暑くなれば汗をかいて蒸散効果で体温を下げ、寒くなれば身震いをして筋肉を動かし体温を上げ、体温をある幅の中に保とうとするフィードバックの仕組みがあるためです）。

図1-1を見てください。ある生態系に対して、何らかの「外部からの影響」が及んだとき（①）、

図1-1　外部からの影響で悪化した状態を元に戻す「回復ループ」

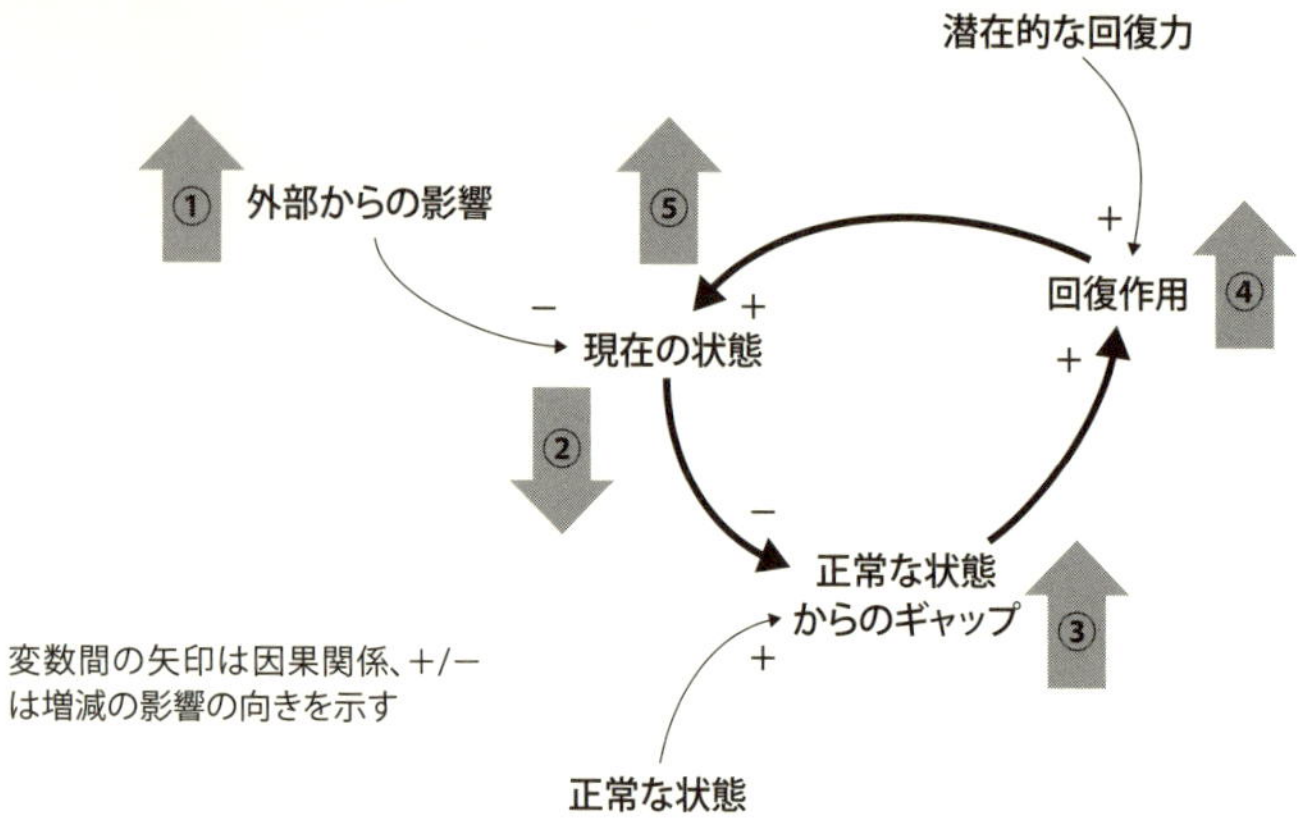

現在の状態が悪化して（②）「正常な状態からのギャップ」が生じる（③）ことがあります。そのギャップが「回復作用」を生み出し（④）、「潜在的な回復力」があれば「現在の状態」は回復に至ります（⑤）。このようにして、外からの撹乱によって一時的なダメージは受けたとしても、回復することができるのです。

ところが問題は、「潜在的な回復力」自体がダメージを受けて弱まっている（もしくは失なわれている）場合です。

さきほどの沖縄のサンゴの話に戻りましょう。国立環境研究所と琉球大学のチームの調査によって、沖縄本島の河口付近には、農地から流出した赤土が流れ出していることがわかりました。その汚染がサンゴにストレスを及ぼしているだけではなく、海底に積もった赤土のせいでサンゴの幼生が定着できない状況をつくり出したと考えられます。幼生が定着できなくてはサ

図1-2　レジリエンスを弱める「衰退ループ」

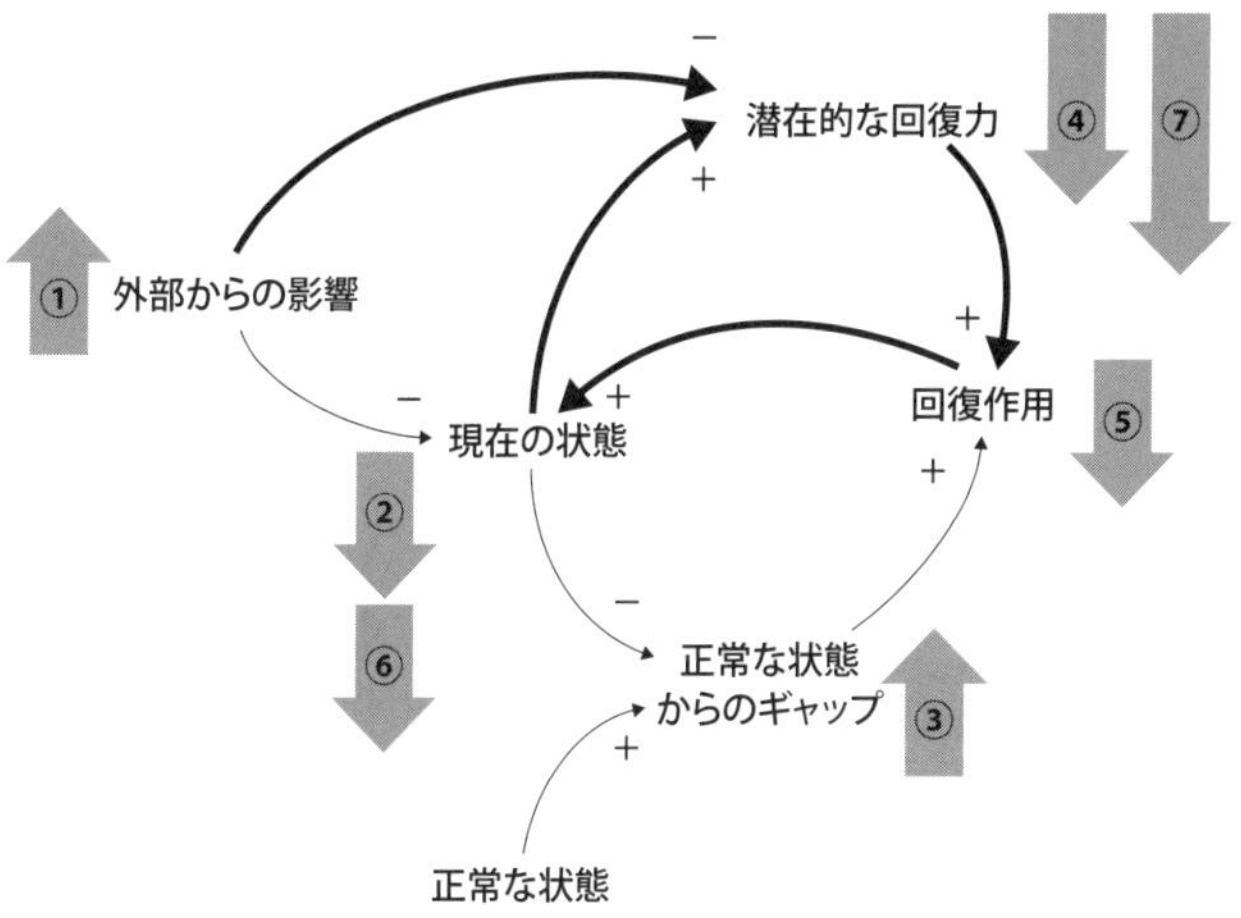

ンゴが育ちませんから、失われたサンゴを回復することができません。農地からの赤土の流入がサンゴの「潜在的な回復力」を損なった結果、大規模な白化をもたらした高水温のダメージから回復できなかったのでしょう。

一方、瀬底島の海域には川からの赤土の流入がなく、本島の河口付近の海域のように潜在的な回復力が損なわれる事態にはなっていませんでした。そのため、同じく高水温のダメージを受けても、そのあと回復できたと考えられます。

◉レジリエンスを弱める衰退ループ

この沖縄本島の河口付近の海域のように、「潜在的な回復力」そのものが弱まっている場合、「現在の状態」と「正常な状態」とのギャップが大きくなっても、「回復」できなくなってしまいます。赤土という「外部からの影響」が、「潜在的な回復力」にも悪影響を与えてしまう

図1-3　放牧地の砂漠化「衰退ループ」

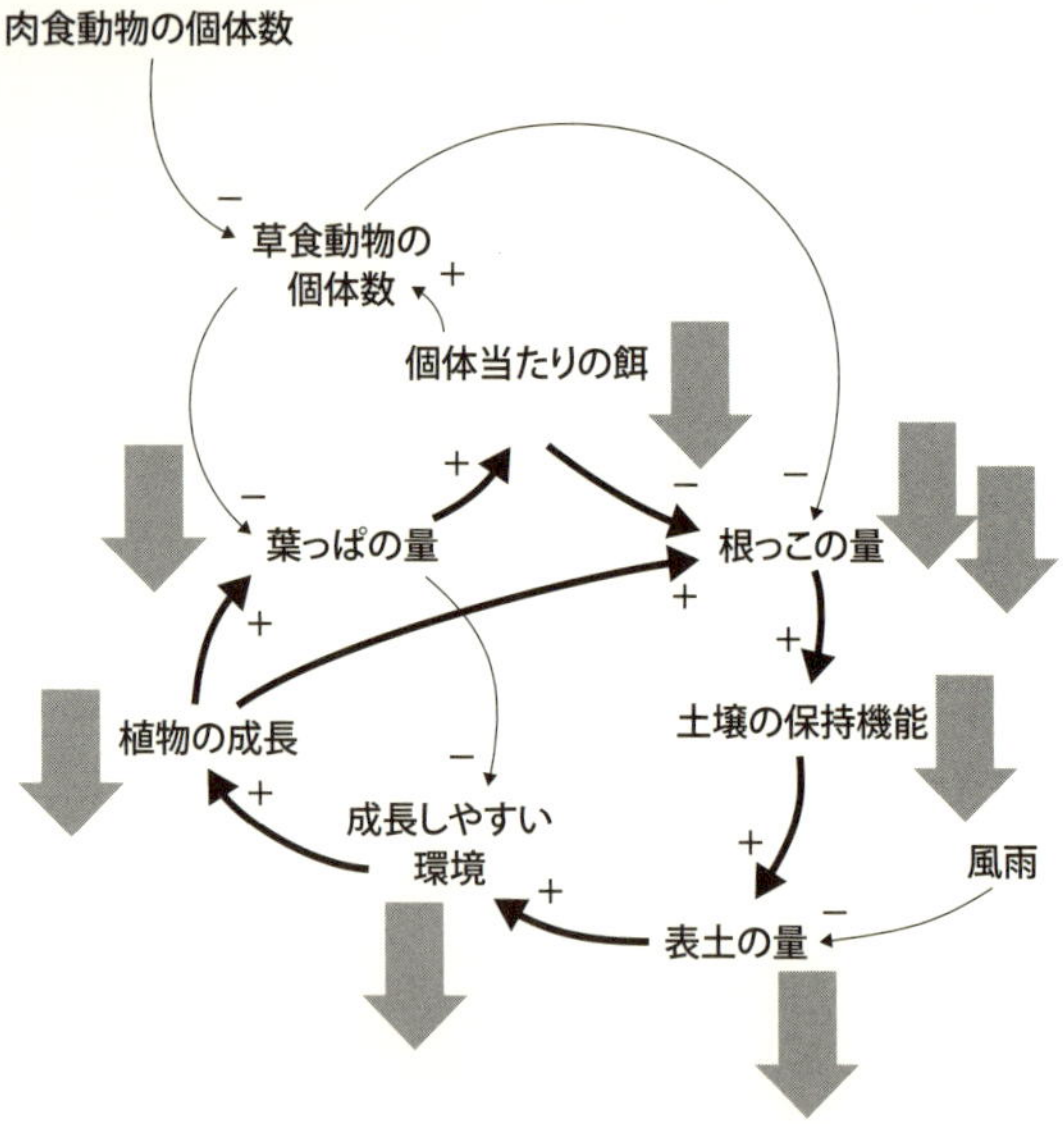

のです。

図1-2を見てください。「外部からの影響」（①）によって、「現在の状態」が悪化し（②）、「正常な状態からのギャップ」が生じます（③）。ところが、「外部からの影響」によって「潜在的な回復力」が弱まっている（④）ため、「回復作用」が低下しており（⑤）、「現在の状態」を改善することができず、「外部からの影響」によって「現在の状態」はますます悪化し（⑥）、潜在的な回復力もますます弱化してしまいます（⑦）。

このように現在の状態が潜在的な回復力に悪影響を与えるフィードバック・ループが強く働き始めると、レジリエンスを加速度的に弱める「衰退ループ」となってしまうのです。

衰退ループは、さまざまな生態系で見られます。世界各地で問題となっている放牧地の砂漠化も、衰退ループにスイッチが入ってしまった結果と考えられます。

図1−3はその一例です（矢印をたどってみてください）。世界各地の牧草地は、バッファローやアンテロープ、ラマ、カンガルーなどの草食動物と共に進化してきました。草の葉が食べられてなくなると、残っている茎や根が土壌から水分や養分をたくさん吸い上げて、葉を生やします。草食動物の数は、肉食動物に食べられたり、季節によって移動したり、病気にかかったりして、ある一定の幅に抑制されているため、バランスがとれており、生態系が衰退することはありません。

ところが、肉食動物がいなくなったり、生育地が減少するなどして草食動物が移動できなくなったりすると、過放牧状態になってしまいます。そうして、草食動物の数が増えすぎると、草の葉だけでは足らなくなり、根こそぎ食いつくしてしまうのです。

そうすると、一気に急速な衰退が起こります。草木が減れば、土壌の被覆も減るので、表土が風で飛ばされたり雨で流されたりするようになります。表土が減ると、草木が育ちにくくなります。草木が減ると、さらに土壌の浸食が進行します。悪循環です。この悪循環のなかで、土地は生産力をどんどん失い、最後には放牧地は砂漠になってしまうのです。

デニス・メドウズ氏らが、ローマ・クラブの委託により研究した『成長の限界』[2]では、ワールド3モデルというシミュレーションを用いていますが、このモデルにも、いくつもの衰退ループが入っています。たとえば、

「飢えがひどくなる→土地をより集中的に酷使→（短期的には増産）→長期的な土壌保全ができなくなる→土壌の生産力が低下→さらに減産」
「汚染レベルの上昇→自然の汚染吸収作用自体の破壊→汚染の吸収速度が減少→汚染の蓄積速度がさらに上昇」

いずれも、潜在的な回復力を損ない、破局への加速を生み出す悪循環です。『成長の限界』の重要なメッセージは、「このまま成長を続ければ、行き過ぎて崩壊してしまう」というものですが、崩壊を生み出すメカニズムの一つが、これらの衰退ループなのです。

通常、衰退ループは休眠状態で作動していません。しかし、いったん状況が悪化してくると機能し始め、システムを加速度的に劣化させ、状況をどんどん悪化させる力となります。

◉生態系の閾値と非線形性

生態系のシステムには、「閾値」と「非線形的な性質」という特徴があります。閾値を超えると、システムの挙動パターンが突如変化してしまうのです。

たとえば、土壌が雨や雪、流水や風の作用によって、地表から流出・飛散してしまい、土地が荒廃する現象を「土壌浸食」と呼びますが、この土壌浸食が進むと、植物が育つための土がなくなってしまうため、作物ができなくなります。

土壌浸食は徐々に進行します。雨が降るたび、風が吹くたび、少しずつ表土が減っていきます。

しかし、残った表土が作物の根の部分よりも浅くなるまでは、作物は育ちますから、作物の収穫量には影響を与えません（なので、問題に気づかないことが多いのです）。

ところが、さらに浸食が進み、作物の根よりも表土が薄くなってしまうと、とたんに作物が育たなくなり、表土を押さえる役割も果たしていた植物の被覆がなくなることで、あっという間に砂漠化してしまいます。

この場合の「閾値」は、作物の根の深さに対する表土の厚さです。表土の厚さがその閾値を下回ると、それまでの挙動パターンが突如大きく変化する「非線形的な性質」があることがわかります。

このような閾値と非線形的な性質があるため、衰退ループが働き始め、生態系の潜在的な回復力を損ない始めていても、多くの場合、見た目には問題があることがわかりません。手を打たずにいる間に、衰退ループがどんどんと進んでしまい、「気がついたときは、手の打ちようがない状態」になってしまいます。

◉レジーム・シフト

閾値を超えると、非線形的な性質によって、「それまでとはまったく異なる状態」に変わり、その後も元に戻ることなく、変わったあとの状態で安定してしまうことがあります。これを「レジーム・シフト」と呼びます。

レジーム（regime）は、「体制」と訳されることもある単語ですが（アンシャン・レジームなど）、ここでは生態系のあり方の「型」ということです。どの生態系もある構造や機能を持っています。

出所：ReefBase-project（http://www.reefbase.org/resource_center/）

図1−4　レジーム・シフト

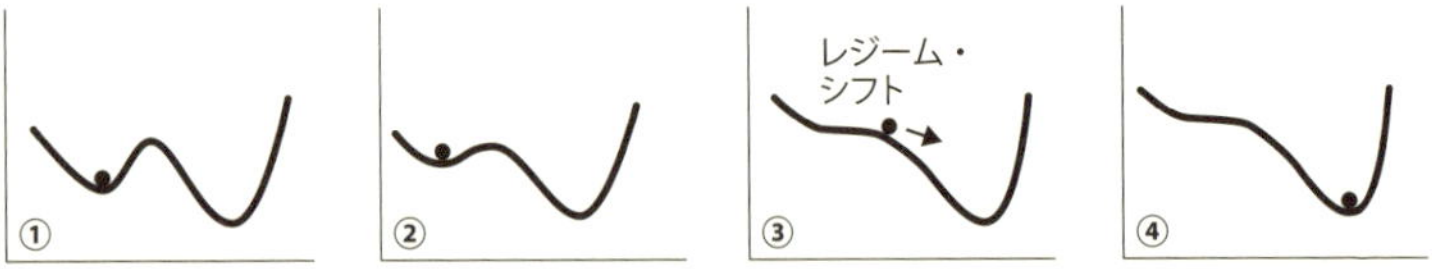

通常の生態系は、多少の変動はあっても、その構造や機能を維持しており、それをその生態系のレジームと呼びます。

上の2枚の写真は、海の生態系のレジーム・シフトの例です。同じ場所の海のなかですが、まったく異なる状態に変わってしまっています。この海底は長らく豊かなサンゴ礁の海（左の写真）の状態で安定していたのですが、いったん藻に覆い尽くされた死の海（右の写真）のようになってしまうと、なかなか戻ることはできず、その状態が続くことになります。

このように、閾値を超え、衰退ループが働くなどして、非線形的な変化が起きると、その生態系は突如、構造や機能、プロセスなどが根本的に異なるものに変わってしまうことがあります。これがレジーム・シフトで、「生態系の構造転換」と訳されることもあります。

生態系と人間社会のレジリエンスの先駆的な研究グループである「レジリエンス・アライエンス」を立ち上げたブライアン・ウォーカー氏は、*Resilience Thinking*[3]という、世に先駆けて生態系のレジリエンスについて解説した書籍の中で、右のような図（図1-4）を用いて説明しています。

ある生態系が安定した状態にあるというのは、お椀の中にビー玉が入って揺れているようなものです。そのお椀の中で揺れることはあっても、お椀の外に飛び出してしまうことはありません。

ところが、何らかの原因でお椀の底が浅くなってしまった（レジリエンスを失った）状態で外的な強い力がかかると、ビー玉はそのお椀を飛び出して、別のお椀の中で安定してしまいます（多くの場合、元の状態に比べて人間にとって望ましくない状態へのシフトとなります）。

レジーム・シフトは、「外的な力の大きさ」と「システムの内的なレジリエンス」の組み合わせで起こります。外的な力が大きくても、システムの内的なレジリエンスが強ければ、レジーム・シフトは起きません。逆に、生態系の内的なレジリエンスが弱っている状態では、それまでは問題なく吸収できていた小さな外的な攪乱でも、レジーム・シフトが起こってしまいます。

◉レジリエンスの属性

ウォーカー氏らは、レジリエンスの属性として重要なものを四つ挙げています。[4]

①許容度（Latitude）

システムが、同じ状態の中で再組織化できる能力を失わずに、最大どのくらい変化できるか。お椀の例でいえば、お椀の幅のことです。

②抵抗力（Resistance）

システムを変える難易度。お椀の例では、深さにあたります。お椀が深ければ、システムの現在の状態を変えるために、より強い攪乱が必要になります。

③危険性（Precariousness）

システムの現在の軌跡は、その一線を越えれば再組織化が難しくまたは不可能になる閾値にどれほど近づいているか。

④階層横断的な関係性（Cross-scale relations）

これら三つの属性がどのように、関心のある階層の上下の階層の下位システムの状態やダイナミクスに影響されるか。

◉カタストロフィック・レジーム・シフト

レジーム・シフトが破局的な方向に起こることを「カタストロフィック（破局的）・レジーム・シフト」と呼びます。一例を挙げましょう。

ジャマイカの海域のサンゴの話です。サンゴは、魚の産卵や成長の場所を提供します。サンゴの天敵は藻類ですが、草食魚がたくさんいる状況では、草食魚が藻を食べてくれます。また藻類を食べるウニもいます。そのため、藻が増殖し、サンゴを覆って死滅させるということはありません。サンゴ、草食魚、藻類、ウニなどのバランスがとれて、この海域の生態系を安定したものにしていました。実際、強烈なハリケーンに襲われた時にも、サンゴをはじめこの海域の回復力は高く称賛されたのです。

ところが1983年のこと、一夜にしてウニを全滅させるほど強烈な病原菌が入ってきたことから、ウニが姿を消しました。ウニがいなくなった海では、藻類が非常な勢いで増えていきます。その海域では漁業も盛んだったため、藻類を食べてくれるはずの草食魚も少なくなっていました。そのため藻類が大繁殖してサンゴを覆ってしまい、光の当たらなくなったサンゴは死んでいきました。また、藻類が繁殖しているため、サンゴの幼生が定着できず、サンゴの潜在的な回復力も損なわれてしまい、この海域一帯のサンゴは死滅してしまったのです（図1-5）。

藻が繁殖してサンゴの回復力を弱め、サンゴが減ることで生育地を失った草食魚も減り、ますます藻が増えて、ますますサンゴの回復力を損なうという「衰退ループ」は、平常時には休眠しています。ところが、ウニが全滅したことで、藻の繁殖を牽制する力が弱まったことから、最終的にこの衰退ループにスイッチが入ってしまったのです。

このジャマイカ海域でのレジーム・シフトは、1～2年間という短期間に起こり、その後は、藻が支配的である新たな状態が20年以上にわたって続いているとされています。

図1–5　ジャマイカのサンゴの「衰退ループ」

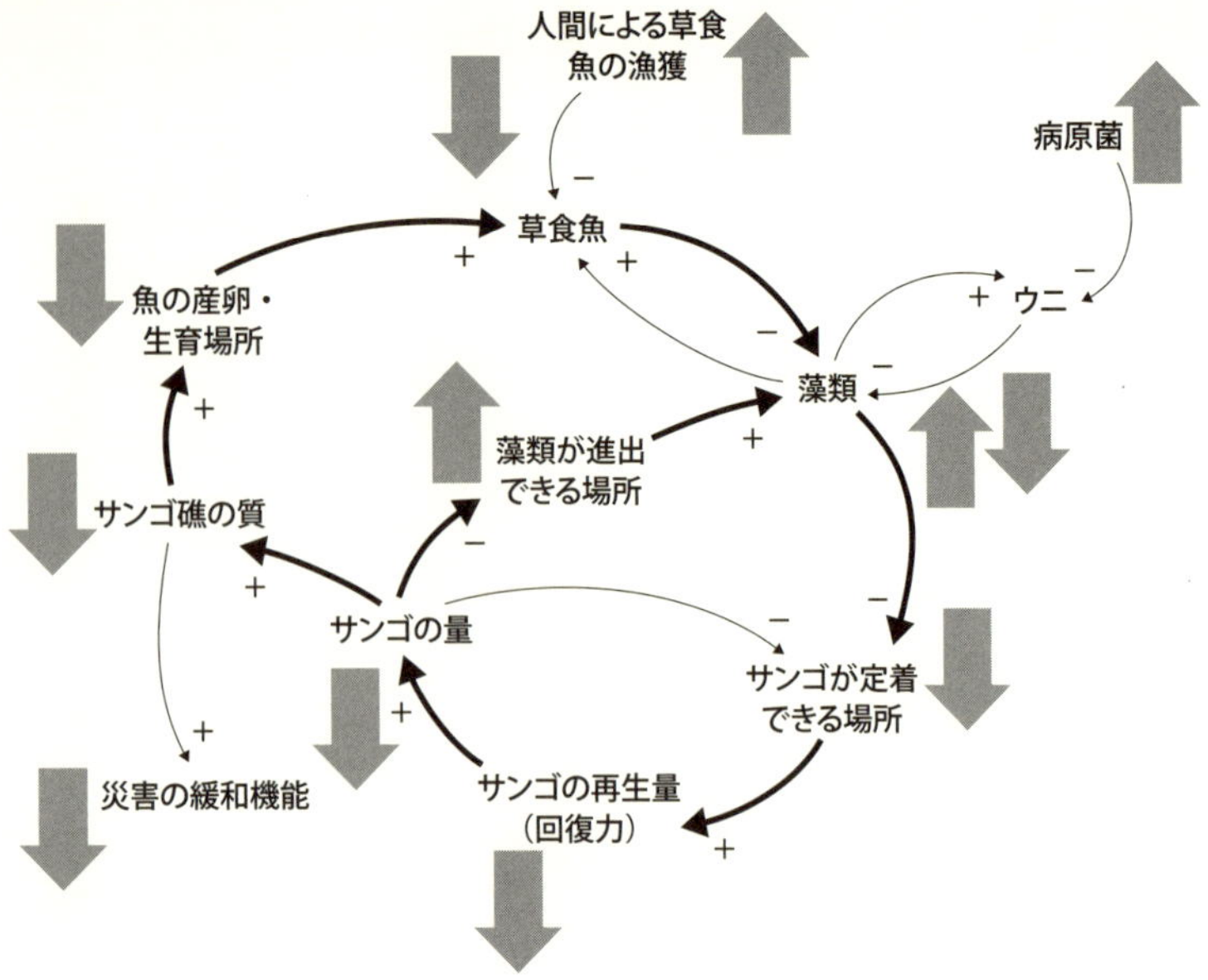

このようなカタストロフィック・レジーム・シフトの例は、さまざまな生態系で見ることができます。表1–1はウォーカー氏らが整理している表[5]から抜粋したものです。

ウォーカー氏らは「レジーム・シフトはほぼ不可逆的な場合もある」として、霧雨林の樹木の消失の例を紹介しています。霧雨林の中には、何千年間もかけて、より湿った降雨レジームのもとにできたものもあります。雲からの水が林冠（森林の上層部分）によって捕捉されて凝縮され、必要な水分を供給しているのですが、樹木が伐採されると、この水供給が止まってしまいます。その結果、乾燥しすぎて森林が回復できなくなってしまう可能性があるのです。

表1-1　カタストロフィック・レジーム・シフトの例

当初の状態	原因	引き金	新しい状態
サンゴ礁の海底	乱獲、沿岸の富栄養化	疾病、白化、ハリケーン	藻に覆われた海底
透明度の高い湖沼	農地や湖底のリン蓄積	洪水、温暖化、捕食者の乱獲	濁った水の湖沼
草原	草食動物の捕獲	疾病	森林地
草原	火入れの減少	過放牧の継続	低木の藪地

◉レジーム・シフトを引き起こすもの

ウォーカー氏らは、生態系のレジーム・シフトの頻度が増しており、その大半は人間の行動が引き起こしていると指摘しています。乱獲など資源の濫用、汚染、栄養素の蓄積、土地利用の変化、山火事の抑制、嵐の頻度や強度の増大といった気候変動の影響などが、レジリエンスを損なう人間活動の例です。

TEEB報告書[6]にも、レジリエンスを損なう人間活動の例として、もともとそこにいなかった生物種を人間が持ち込んだことによるレジーム・シフトの例が多数あると述べられています。

たとえば、ミコニアカルヴェセンスは、20世紀に観賞用の樹木としてハワイに持ち込まれ、その後急速に広がった。どこまでもこの樹木しかない森が広がるなど、1000㎢を超える地域に繁殖しているミコニアは、今ではハワイの〝紫色の疫病〟と呼ばれている。ミコニアは川の流域を脅威にさらし、在来の絶滅危惧種が局所的に全滅するなど生物多様性を著しく低下させ、レクリエーション価値や審美的価値を損なっている。

レジーム・シフトは、生態系にとっても、その生態系が生み出す生態系サービスに依存している私たちにとっても、大変重要であることは間違いないものの、TEB報告書にも率直に書いてあるように、「現在の科学的知識は、レジーム・シフトを正確に予測するのに十分なほどにはまだ進歩していない」のが現状です。

◉レジリエンスをつくり出す要素

外的な衝撃や影響を受けても、レジーム・シフトに至ることなく、そのダメージを吸収し、機能や構造を保つことができるかどうか――生態系のレジリエンスを左右する要素とはどのようなものなのでしょうか？　何があればレジリエンスが高まるのでしょうか？

ウォーカー氏らは、書籍 *Resilience Practice*(7) の中で、社会―生態系システムのレジリエンスをつくり出すために必要な特徴や側面を、「レジリエンスのある世界が大事にするもの」として九つ挙げています。

「レジリエンスのある世界が大事にするもの」

①多様性：レジリエンスのある世界は、あらゆる形態の（生物学的、地形的、社会的、経済的）多様性を促進し、維持する

将来の選択肢およびシステムが変化や攪乱にさまざまなやり方で対応する能力（対応の多様性）は、主に多様性から生まれる。現在、世界は同質化の方向に向かっているが、レジリエンスの高い社会―生態的システムは、多様性を大事なものとして奨励する。

②生態的なばらつき：レジリエンスのある世界は、生態的なばらつきを制御し減らそうとするのではなく、生態的なばらつきを受け入れ、活用する

私たちが今日直面している大きな環境問題の多くは、洪水の水位を制御したり、種の個体の大発生を防いだりするなど、生態的なばらつきを削ぎ、制御しようとする過去の取り組みの結果である。たとえば、一度も燃えたことのない森林は、じきに火に強い種を失うことになり、山火事に対して極めて脆弱になる。

③モジュール性：レジリエンスのある世界は、モジュールになっている構成要素からできている

レジリエンスの高いシステムでは、必ずしも「すべてのものがそのほかのすべてとつながっている」わけではない。つながりすぎているシステムは、衝撃の影響を受けやすく、すぐにシステムを通して衝撃を伝えてしまう。レジリエンスの高いシステムはそうではなく、ある度合いのモジュール性を維持したりつくり出したりする。

④ゆっくりと変化する変数を認識する：レジリエンスのある世界の政策は、閾値に関連する〝ゆっくりと変化する〟管理変数に注目する

社会—生態系システムやそこに存在する閾値を構成する〝ゆっくりと動く〟主要な変数を注視することによって、システムのレジリエンスをマネジメントする力を高めることができる。そうすることで、望ましいレジームの大きさを広げることができ、私たちの行動がもたらすかもしれない攪乱をシステムがより吸収できるようになり、望ましくないレジームへのシフトを避けられるようになる（あるいは、すでに望ましくないレジームにいる場合には、そこから脱出する力が高まる）。

⑤緊密なフィードバック：レジリエンスのある世界には、緊密な（しかし緊密すぎない）フィードバックがある

レジリエンスの高い社会—生態系システムは、フィードバックの強さを維持し、強めようとする。緊密なフィードバックがあれば、超えてしまうまえに閾値を発見することができる。グローバル化によって、かつては緊密だったフィードバックに遅れが出るようになってきた。たとえば、先進国の人々は、途上国の製品を自分たちが使うことの結果について、弱いフィードバックのシグナルしか受け取っていない。フィードバックはあらゆるレベルでゆるみつつある。

⑥社会関係資本：レジリエンスのある世界は、信頼とよく構築されたソーシャル・ネットワーク、リーダーシップを促す

社会―生態系システムにおけるレジリエンスは、そのシステムの中にいる人々の「変化や攪乱に対して、力をあわせ、効果的に対応する能力」と強くつながっている。信頼、しっかりしたネットワーク、リーダーシップはすべて、その実現のための重要な要素である。同時に、欺く人々に強い罰則を科す機関や制度があることも重要だ。

⑦イノベーション：レジリエンスのある世界では、学習、実験、ローカルにつくられたルール、変化を受け入れることを重視する

レジリエンスのアプローチは、新奇性とイノベーションをはぐくみ、奨励する。私たちの現在のやり方は活動の幅を狭めることに長けており、現在のシステムは、変化を支援するのではなく、むしろ変化しないことに対して補助や報奨を与えている。

干ばつ支援や洪水救援には人道的な要素があることはいうまでもないが、そういった支援や救援が「物事を同じやり方でやること」を続けさせるだけであれば、適応力を損なう動きとなる。

レジリエンスの高いシステムは、実験（物事を異なるやり方でやってみること）に補助や報奨を与え、変えようというやる気のある人たちに助力を提供する。イノベーションを可能にすることは、システムがレジーム・シフトを起こすことなく動けるスペースを創り出す重要な方法なのだ。

レジリエンス思考とは、変化や攪乱を否定・制約しようとするのではなく、受け入れることである。

プロセス（企業の方針、コンプライアンスなど）が最大の関心事になってくると、レジリエンス思考家は「このままでは危ない」と思い始める。

⑧ガバナンスの重複：レジリエンスのある世界の機関や制度は、ガバナンス構造に〝重複〟がある

レジリエンスのある社会―生態系システムは、変化する世界に対応する多くの重複する方法を有している。機関や制度の重複は、システムの対応の多様性と柔軟性を高める。役割にまったく重複のないトップダウン型のガバナンス構造は、短期的には効率がよいかもしれないが、状況や環境が突如変わったときにはうまくいかないことが多い。そういった変化の時期には、もっと〝ごちゃごちゃした〟構造のほうがうまく機能するのである。

⑨生態系サービス：レジリエンスのある世界では、金銭では評価できない生態系サービスのすべてでも含めて、開発の提案や評価を行う

現在、生態系から社会が得ている便益（受粉、水の浄化、栄養サイクルなど）の多くは、認識されていないか、〝無料〟だと考えられている。こういった生態系サービスはレジーム・シフトによって変化することが多く、失われて始めて認識・評価されるが、純粋な市場経済では無視されている（つまり、経済学者の市場の効率性の定義によると、「非効率」ということだ）。

ウォーカー氏らのレジリエンス・アライアンスでは、「実践家のためのワークブック」[8]を作成しています。これを用いて、自分たちの関心のある「社会—生態系システム」のレジリエンスを評価することができます。

◉「レジリエンス思考」の必要性

ウォーカー氏らの「レジリエンスのある世界が大事にするもの」の⑦にも挙げられていますが、TEEB報告書でも「レジリエンス思考」の重要性をこのように述べています。

> ますますグローバル化する世界では、社会状況、保健、文化、民主主義、そして安全保障や生存、環境の問題は複雑に絡み合っており、加速的な変化にさらされている。変化を避けることはできないものの、変化の性質について理解することが必須である。特に、閾値の存在と、実際には元に戻せない、望ましくないレジーム・シフトの理解は不可欠だ。
>
> こういった危険性を秘めた閾値がどこにあるのかを知ることは不可能である。社会が変化に対処し、変化の利点、つまり社会—生態系のレジリエンスを得ようとするのなら、気候変動などのストレス要因に適応する現在の取り組みに、予防的アプローチとレジリエンスに関するより深い理解、および社会システムと経済システムにおける複合的な能力が必要である（Folke et al. 2004）。
>
> 国連事務総長が2007年9月24日の国連気候サミットで述べたように、「『レジリエンス思考』を政策や実践に組み入れることは、新たな世紀を通じ、世界のあらゆる市民にとって重大な課題となるであろう」。

Resilience

第2章

折れないこころをつくる
~レジリエンスの心理学

心理学の分野でも「レジリエンス」という概念が注目されています。トラウマ体験やストレス状況など、ネガティブなできごとが起こったときに、立ち直れる人もいれば、こころが折れてしまう人もいます。その違いは何なのでしょうか？　この違いを生み出すもの――「何かあっても立ち直れる力」が「レジリエンス」です。

心理学研究の分野でレジリエンスが取り上げられるようになったのはいつ頃のことで、どのような背景があったのでしょうか？　心理学の領域では、レジリエンスについてどのようなことがわかっているのでしょうか？

◉心理学の発展

人のこころを扱う心理学の研究の源の一つが、精神病理を理解し、治療するための精神分析です。心理学の起源は哲学をはじめとするさまざまな分野にありますが、医学の分野では、「精神疾患患者が存在しており、その治療をしなくてはならない」という必要性から、「精神疾患の原因は何か？」を解明しようとする精神病理学が生まれました。

「精神分析の父」として知られているジークムント・フロイトは、オーストリアの精神科医で、ヒステリー患者の治療から1886年に精神分析を創始し、「ヒステリーの原因は幼い頃に受けた性的虐待の結果である」という病因論に至りました。「こころの病を引き起こす要因は何か？」が当時の心理学・精神医学の大きな研究対象だったのです。

それから約80年後、1967～1968年に米国心理学会会長を務めた心理学者アブラハム・マズローは、「人間性心理学」を提唱し、その研究に力を尽くしました。自己実現理論に代表される人間性心理学は、人間の健康な心についての心理学です。

マズローは著書『完全なる人間』[1]の中で、こう述べています。

フロイトは心理学の病的な一面を示してくれたが、われわれはいま、健康な半面をみたさなければならないといってよい。おそらく健康心理学は、われわれの生活を統制し、改善し、よい人間にする大きな希望を与えてくれるだろう。

それまでは人間のこころの病的な面に研究が集中していたのですが、マズローらが健康的な面に焦点を当てるようになったことで、健康な人間の自己実現や創造性、至高体験、「いかによく生きるか」も、心理学の研究対象となったのです。そうして、私たちみんなに役立つ知見が蓄積されるようになりました。心理学は「マイナスの解明からプラスの解明へ」と展開してきた、ということができるでしょう。

◉レジリエンス研究の起こり

心理学の分野でレジリエンスが研究されるようになってきた背景にも、同じような「マイナスの解明からプラスの解明へ」という展開がありました。

統合失調症などの重い障碍を持つ患者や、母親との別離や両親の離婚、貧困といった逆境の中に生きている子どもたちなどの研究において、「困難な状況によって多くの深刻な問題を抱えている人」もいれば、「逆境にも関わらず人生を謳歌している人」もいる——この気づきが、レジリエンスへの注目や研究のきっかけとなったのです。

戦争や虐待、レイプ、DV（ドメスティック・バイオレンス）といった、PTSD（心的外傷後ストレス障害）を起こしかねないトラウマ体験を経験した人の全員がPTSDを起こすわけではなく、またPTSDの深刻度や回復過程も人によって異なることに注目が集まるようになってきました。

それまでは、「障碍や逆境がどのように不適応などの問題を引き起こすか」というマイナス面の研究が中心だったのですが、「障碍や逆境にも関わらず、問題を起こさない人や、障碍や逆境をばねにしてさらに成長している人もいるが、それは何があるからなのか？」というプラス面の研究が始まり、1985年にルッターという研究者がレジリエンスの概念を提唱したとされています。[2]

こうして、さまざまな対象者についての研究が行われた結果、高いリスク要因を抱えている子どもや大人でも、うまく適応して健康的に人生を生きている人がたくさんいることがわかってきました。

最初は、逆境にも関わらず、じょうずに適応してたくましく生きている子どもを「スーパーキッズ」、トラウマ体験にも負けずに精神的健康を損なうことなく生きている人を「不屈のサバイバー」と呼び、「スーパーキッズは何があるからレジリエンスが高いのか？」「サバイバーに共通する強みや要因は何か？」という観点からの研究が多数行われました。

しかし、しだいに「レジリエンスとは、スーパーキッズや不屈のサバイバーだけが持っているものではなく、一般の子どもや人々もふつうに持っているものだ」ということがわかってきました。

特別なトラウマ経験や重い障碍でなくても、私たちの毎日には「いやなこと」「うまくいかないこと」がしょっちゅう起こります。しかし、そのたびにこころが折れてしまうわけではありません。多くの場合、「ちょっとしたストレス」をじょうずに乗り切って、私たちは暮らしているのです。

もちろん、そういったストレスを「じょうずに乗り切れる人」や「失敗や困った状況を成長への力に変えられる人」もいれば、「乗り切るのに苦労する人」や「立ち往生してしまう人」もいます。その違いはストレスの性質や強さのほかにも、その人のレジリエンスによると考えられます。

としたら、個人のレジリエンスとはどういう要因からできているのだろうか？　どうやったら高めることができるのだろうか？　という関心が出てきます。ちょうどその頃、米国を中心に、ポジティブ心理学が広がったことと軌を一にして、〃日常的なレジリエンス〃の研究も増えていきました。

◉日本における心理学のレジリエンス研究

日本の心理学の分野に「レジリエンス」という考え方が入ってきて、研究が始まったのはいつ頃なのでしょうか？

『子どもの「こころの力」を育てる――レジリエンス――[3]』に深谷和子氏はこのように書いています。

家族精神医学者の小森康永氏は、『ナラティブ・セラピーを読む』（1999）の著者の中で、「リジリエンスという言葉を初めて耳にしたのは、1990年カルフォルニアの臨床セミナーで（中略）、次にこの言葉を目にしたのは、1996年の日本で、フロマ・ワルシュの論文『家族レジリエンスという概念―危機と挑戦』の論文でだった」と書いておられます。
この用語、この概念が日本に入ってきたのは、ごく最近であることが分かります。

国立情報学研究所の「学術情報ナビゲータ」で、「レジリエンス」をキーワードに論文を検索してみると、最初の頃に出てくるのは物理学の論文ばかりです。心理学の研究として最初に出てくるのは、「幼児のストレス反応とレジリエンス」という論文で1999年のことでした。そして、2000年以後、心理学におけるレジリエンスの論文が日本でも次々と発表されるようになったことがわかります。日本にレジリエンスという考え方が入ってきたのは、まだ最近のことなのです。

欧米でのレジリエンス研究と日本での研究には違いがあるのでしょうか？ 渋倉崇行氏はこのように述べています。[4]

欧米におけるレジリエンス研究は、重篤な障害や虐待を受けた子ども、それに養育上の問題に曝される子ども等、主に特殊な状況に目を向けた研究が進められてきた一方、欧米諸国と社会的背景が異なるわが国では、国内で問題となっている状況に焦点化した独自の研究が推進されてきた。すなわち、比較的誰もが経験し得る出来事に着目し、予防的な視点からの研究が多いというのが、わが国のレジリエンス研究の特徴である。

確かに、日本の心理学分野のレジリエンス研究の論文タイトルリストを見ると、ＰＴＳＤなどの特別な体験や特殊な状況にある人々のレジリエンスの研究よりも、「大学生のレジリエンスと向社会的行動との関連」「レジリエンスのストレス緩衝効果について」「大学生アスリートのレジリエンス傾向」「看護学生のレジリアンスに関する研究」といった、〝日常的なレジリエンス〟の研究が多くあることがわかります。

◉レジリエンスの定義

さて、世界では40年ほど前から、日本では10数年前から始まった心理的なレジリエンスの研究ですが、そもそも「人のこころのレジリエンス」とは何なのでしょうか？　どのように定義することができるのでしょうか？

実は、心理面でのレジリエンスに関する定義はいろいろあって、一つの決まった定義があるわけではありません。三宅広美氏はこのように紹介しています。[2]

> 現在、レジリエンス分野における研究は、厳しく困難な状況にある者の中に良い発達や適応をする者とそうでない者がいることから、その差は何であるのかを調査・研究したものの全般を示すため、幅広い概念で捉えられており、その定義は研究者、研究の内容、目的によってさまざまである。以下、先行研究で成された定義の一部を紹介する。
>
> レジリエンスの概念を初めに示したRutter（１９８５）は「深刻な危険性にもかかわらず、適応的

な機能を維持しようとする現象」とレジリエンスを定義し、深刻な状況に対する個人の抵抗力とした。また、Wagnild&Young（１９９３）は「ストレスの負の効果を和らげ、適応を促進させる個人の特性」としている。

加えて、Werner（１９９３）は「逆境や障害に直面してもそれを糧としてコンピテンスを高め成長・成熟する能力や心理的特性」とし、Grotberg（２００３）は「逆境に直面した時にそれを克服し、その経験によって、強化される場合や変容される人が持つ適応力である」としている。このように個人内特性に着目した定義は多い。

また、Garmezy（１９９０）は「高い困難な環境にもかかわらず、適応的な調整を行うこと」とし、Lutharら（２０００）は「レジリエンスは深刻な逆境の中で肯定的な適応を包含する力動的なプロセスをいう」としている。これらの定義はレジリエンスの変化のプロセスに着目した定義である。そして、変化のプロセスをも含む包括的な概念を「結果」として示した定義として、Rutter（１９９０）は「個人が高いリスク下で、発達的に肯定的な結果を示すこと」とし、Kaufmanら（１９９４）は「発達上の問題における重篤なリスクの発生にもかかわらず、肯定的な結果を示す個人の描写」としている。

以上のように、レジリエンスの定義は多岐にわたっており、発達的な要因を含むプロセスや個人のあらゆる特性、それらに伴う結果といったすべてを包含するものとして考えられている。そして、Mastenら（１９９０）が「困難で脅威的な状況にもかかわらず、うまく適応するプロセス・能力・結果」のことをレジリエンスとしていることから、レジリエンスの概念は非常に幅広い概念であると言える。

心理学的なレジリエンスの定義として、「ストレスのある状況や逆境でも、うまく適応し、精神的健康を維持し、回復へと導くもの」というところは共通していますが、その「導くもの」は、「心理的な特性」「能力」「プロセス」など、いろいろな側面が対象として考えられていることがわかります。

「レジリエンス」の反対語は何でしょうか？ 「レジリエンス」はよく、「脆弱性」という言葉と対で用いられます。「脆弱性」(vulnerability) は、漢字を見ていただければわかるように、「脆く」「弱い」ということで、つまり「壊れやすい」ということです。何かあったときにすぐにぼろぼろと崩れてしまう、だめになってしまう、ということです。

つまり、その反対語である「レジリエンス」は、「何かがあっても、すぐにぼろぼろと崩れてしまわない力」「困難な状況にも耐え、立ち直る力」と捉えるとイメージしやすいかもしれません。

◉レジリエンスをつくり出すもの

では、レジリエンスをつくり出すものは何なのでしょうか？ レジリエンスの構成要素について、さまざまな研究が行われています。

虐待体験を乗り越えた25人の成人に臨床面接を行ったウォーリン夫妻は、『サバイバーと心の回復力――逆境を乗り越えるための7つのリジリアンス』[5]の中で、ダメージを与える可能性のある家庭の中でも自分を「保護する因子」とも言える特性を七つに整理しています。「洞察」「独立性」「関係性」「イニシアティブ」「創造性」「ユーモア」「モラル」です。同書では、そのそれぞれをこのように説明しています。

洞察：難しい問題について考え、誠実な答えを出す習慣。

独立性：問題のある家族と自分自身のあいだに境界線を引くこと。つまり、あなたの良心からの要求を満たしながらも、情緒的かつ身体的な距離を置くこと。

関係性：他の人々との親密で、充足的な絆。

イニシアティブ：問題に立ち向かうこと。コントロールすること。労の多い課題によって、自分自身を強化し試していく傾向。

創造性：悩ましい経験や痛ましい感情の混沌に、秩序、美しさ、それに目的を持ち込むこと。

ユーモア：悲劇の中におかしさを見つけること。

モラル：よい人生を送りたいという希望を全人類にまで拡大していく良識。

レジリエンスをつくり出すのは、本人の持って生まれてきた心理的な特性なのでしょうか？　それとも、後天的にも伸ばすことのできる本人の能力なのでしょうか？　本人を取り巻く環境も関係あるのでしょうか？

小花和Wright尚子氏は『幼児期のレジリエンス』[6]で、それまでの研究で示されたレジリエンスの構成要素を分類し、安定した家庭環境や学校環境、親子関係などの「環境要因」と「個人内要因」に分けました。「個人内要因」には、自律性や自己制御、共感性といった「子どもの個人要因」と、問題解決能力やソーシャル・スキルなどの「子どもによって獲得される要因」の二つがあります。そして、これらの要因は単独では影響力がないと紹介しています。つまり、本人の特性や能力といった個人内要因と、外的要因である環境要因の両方ともが重要であり、それらが相互に作用しながら、その人のレジリエンスをつくり出しているのです。

このように、「レジリエンスをつくり出す要因には、個人的な要因もあれば、環境的な要因もある」という理解は共有されていますが、欧米と日本ではこれまでの研究での重点が少し異なっているようです。

中村有吾氏らは「欧米におけるレジリエンス研究は、レジリエンスを促進させる環境要因、個人的要因、素因、それらの要因の相互作用によるダイナミックなプロセスなど多面的な観点からの検討が行われ、知見の蓄積や実践報告が見られる」と述べています。[7]

他方、これまでの日本のレジリエンス研究は、外的な環境要因やそれとのダイナミクスよりも、個人内要因に焦点を当てた研究が多いようです。内外のレジリエンス尺度を調べた荒井信成氏は、

「海外におけるレジリエンス研究では個人内要因と環境要因を包括的に捉えた尺度が開発されており、青少年の危険行動との関連について研究が進んでいる。一方、国内のレジリエンス尺度は個人内要因に特化した尺度が多く存在している。これまでの国内の研究では家族や学校、地域、友人との関係などの環境的要因および内的要因との相互作用を考慮した分析が十分に行われていない」と述べています。(8)

「はじめに」に、レジリエンスとは、個々の要素ではなく、そういった要素が関わり合って構成しているシステムの特性である、と述べました。もちろん個人内にもさまざまな要素がありますが、そこにとどまらず、まわりの人々や環境、それらとの関係性などの相互作用を含めた研究や分析が日本でも進んでいくことを願っています。

◉レジリエンス要因

これまでのさまざまな研究から、具体的に「レジリエンスをつくり出す要因」を見てみましょう。

石毛みどり氏らの紹介(9)によると、フラシュ（1997）はレジリエンスの要素として、「創造性」「忍耐強さ」「洞察力」「精神的自立」「社交性」などを挙げており、ワグニルドとヤング（1993）は、決断力、自信、忍耐強さを表す「人格的能力」因子と、自己受容や目的意識を表す「自己・人生受容」因子をレジリエンスの構成要素として見いだしています。

中学生を対象としたレジリエンス指標を開発した石毛氏の研究では、ねばり強く問題を解決しようとする「意欲的活動性」、ネガティブな心理状態を立て直すために他者との内面の共有を求める

「内面共有性」、物事をポジティブに捉える「楽観性」という要素を見いだしています。

また、レジリエンスに結びつきやすい心理的特性として、「精神的回復力」の研究も行われています[10]。この「精神的回復力」の尺度は、主に大学生などを対象に、国内のレジリエンス研究で多く使用されており、「新奇性追求」「感情調整」「肯定的な未来志向」という三つの要素で成り立っています。この三つの要素を説明しましょう。

「新奇性追求」とは、「興味・関心が多様であること」です。いろいろな物事に関心を持つか、新しいことにもチャレンジするか、などをみます。

「感情調整」とは、「自分の内的な感情をコントロールできること」です。動揺するようなことがあっても自分を落ち着かせることができるか、気分転換がじょうずにできるか、といったことをみます。

「肯定的な未来志向」とは、「将来の見通しが明るいと思っていること」です。将来の夢や目標を持っているか、将来の計画を立てたりしているか、などをみます。

たしかに、新しい物事に関心を持ったりチャレンジする人であれば、困難な状況に陥ったときにも、そこで立ち往生してしまうことなく、突破口を模索することができるでしょう。また、混乱や動揺といったネガティブな感情が生じても、自分でコントロールができれば、自分を取り戻し、状況を改善するための一歩が踏み出せることでしょう。そして言うまでもなく、未来に対して肯定的なイメージを持っていることは、困難な状況においては特に「めげない」「ネガティブな出来事を跳ね返す」ための大きな力を発揮することでしょう。

そして、この精神的回復力尺度を作成した小塩真司氏らの調査の結果、「自尊心の高い人は、低い人と比較してレジリエンス力が高く、特に、苦痛経験が多いほどレジリエンス力が高い傾向にある」ことがわかりました。ここでの「自尊心」は「自己肯定・自己受容」とも考えられるでしょう。この結果は、「健康的な状態における苦痛経験は、結果としてレジリエンスを高める」ことを示唆しており、とても興味深く、示唆に富むものです。

ここでいくつか紹介したように、レジリエンスの尺度はいくつもつくり出されています。そういった尺度を構成している要因を調べた中村氏らの研究(7)では、レジリエンスをつくり出す個人内要因として、「意欲」、「楽観」、「社会的スキルの柔軟な利用」、「気質」、「傷つきにくさ」、「自己調整」、「意欲活動性」、「内面共有性」、「I AM」(自己肯定感)、「I CAN」(自分の能力に対する信頼感)、「I WILL」(自分の楽観的な見通し)、「個人内資源の認知」、「個人内資源の活用」などを挙げています。

◉「ハーディネス」：レジリエンスを育てる姿勢や技術

一般の人のレジリエンスに関する研究で世界的によく知られているのが、マッディとコシャバによる「職場でのレジリエンス」の研究です。その著書『仕事ストレスで伸びる人の心理学』(11)から紹介しましょう。

1975年、イリノイ・ベルと国立精神保健研究所の資金協力を得て、12年間という長期にわたる米国で研究が始まりました。イリノイ・ベルの450人の男女社員を対象に、毎年定期的に面談、心理学テスト、健康診断、業務考課測定のレビューを行い、分析を行うというものです。

研究が6年目に入る時、電話事業の規制撤廃という大変化が起こります。これは同社の長年にわたる企業方針や企業行動に大きな変革をもたらすことになり、職場は混乱に陥りました。2万6000人いた従業員は1万4000人に削減され、ほとんどの社員が高いストレスを伴う大混乱の変化に対処せねばなりませんでした。

こうして、たまたま起こった地殻変動とも呼ばれる大変な時代を経て、同じ会社の社員でも、レジリエンスが高く弾力性のある社員のグループと、レジリエンスが低く脆弱な社員のグループに分かれることがわかったのです。その人格や対処スタイルの違いを調べた結果、レジリエンスを育てる姿勢・心持ちや技術のパターンとして、「ハーディネス」（頑健さ）が浮かび上がりました。

ハーディネス（hardiness）とは、「hardy（頑丈な、じょうぶな、強い、頑健な）である」という意味です。ストレス状況をものともせずに頑健にがんばれる力で、ストレス下での生き残りや成功を導く鍵だとされました。

ハーディネスと呼ばれる「レジリエンスを高める姿勢・心持ちのパターン」とはどのようなものでしょうか？　著者らはレジリエンスの高い社員と低い社員を比べた結果、「三つのCだ」という結論に達しました。三つのCとは、「コミットメント（commitment）」「コントロール（control）」そして「チャレンジ（challenge）」をさします。

「コミットメント」とは、〝関わり〟のことで、たとえ困難な状況になってもその場にとどまり、周囲の人々や出来事と関わりを持ち続けることです。逃げずに真正面から向き合おうとする姿勢ともいえるでしょう。

「コントロール」とは、〝制御〟のことで、今の状況は何も変えられないとあきらめてしまうのではなく、自分で何とかできる、と信じて、その状況に影響を与え続けようとすることです。「この状況は大変だけど、それでも、自分の努力次第でよい方向に持っていくことができる」という信念です。

「チャレンジ」とは、〝挑戦〟のことで、自分の不運を嘆くのではなく、ストレス状況下にも成長の道を見出そうと努力し続けることです。チャレンジの姿勢が強ければ、「変化は、特別なことではなく、ごく普通に起こるもの」と思い、受け入れやすくなります。そして、やる気を持ち続けることができます。

ハーディネスの姿勢に欠けていると、人生の諸問題を避け（コミットメントではなく回避）、自分で何とかできる変化に対しても行動を起こそうとせず（コントロールではなく無力感）、これまでの安定を脅かす変化を恐れる（チャレンジではなく脅威）ことになります。

そして、これらの「三つのC」による勇気と意欲に加えて、問題をチャンスに変えようという「問題解決型の対処」と、周囲との関係を深めるための「支えの交流」という二つのスキルが必要になる、としています。

「問題解決型の対処」でまず大事なことは、視野を広げることです。時間の視野を広く持てば、こころの余裕が生まれるかもしれません。問題をより広い視点で眺めれば、全体の構造が見えやすくなり、問題解決に向けてのより良い方法が見つかるかもしれません。視野を広げることで得られた

図2-1　ハーディネスの3つのCと2つのスキル

3つのC

―コミットメント（自分は真正面から状況に関わっている）
―コントロール（自分はプラスの影響を与えることができる
―チャレンジ（この変化を自分の成長に活かすことができる）

2つのスキル

―問題解決型の対処
―支えの交流

（サルバトール・マッディ、デボラ・コシャバ著『仕事ストレスで伸びる人の心理学』より）

理解をもとに、問題解決に向けての計画をたて、実行に移していきます。

「支えの交流」とは、他者との間にある対立を認識・解消し、助け合い、励まし合うやりとりに変えていくことです。そのためには、人の話を聞き、コミュニケーションし、適切に行動する技術を学ぶ必要があります。

まとめると、レジリエンスをつくり出す姿勢・心持ちや技術であるハーディネスとは、「コミットメント（自分は真正面から状況に関わっている）」「コントロール（自分はプラスの影響を与えることができる）」「チャレンジ（この変化を自分の成長に活かすことができる）」という「三つのC」の姿勢・心持ちと、「問題解決型の対処」と「支えの交流」という二つのスキルである、ということです（図2－1）。

マッディとコシャバの本が出版された後、世界中でハーディネスに関する数多くの調査が行われるようになりました。「ストレスに満ちた環境下では、ハーディネスが能力、行動力、リーダーシップ、体力、そして健康を高める」というのが共通する結論のようです。研究結果のいくつかを紹介しましょう。

湾岸戦争など海外の戦闘任務や平和維持任務前の測定でハーディネスが高いレベルにあった兵士は、戦場ストレスを経験した後に起こりがちのうつ病やPTSDからよく守られていました。戦争以外でもさまざまなストレスの多い状況下で、ハーディネスが肉体的・精神的な健康を守るという調査報告が多くあります。

ハーディネスのレベルの高い運動選手ほど、能力が発揮でき、結果が良かったという調査もありますし、陸軍士官学校で行われた調査では、4年間の教育プログラムを通じ、ハーディネスがリーダーシップ行動を最もよく予測していたことがわかりました。大学での成績や活動に対する影響を調べた結果、入学時のハーディネスは、統一入学テストや高校時代の成績よりも、卒業可能性の良い判断材料となると結論づけた研究もあります。

常にストレスを伴う職業についての調査を見ると、ハーディネスの高い看護師は病欠が少なく、落ち込み、不安、燃え尽きなどの症候が少なく、ハーディネスの高い消防士ほどストレスをあまり感じず、大きな達成感や仕事の意味を見出していることが報告されています。経営コンサルタントを対象に行った調査でも、ハーディネスはストレスの多い起業家的な仕事の能力をも高めると結論づけています。

このように、「ストレスにも負けない強さ」という意味ではレジリエンスとハーディネスは似た概念ですが、石毛氏らは「ハーディネスの高い者は、ストレッサーをポジティブなもの、またはコントロール可能なものと見なすため、ストレッサーをストレスフルな出来事として知覚しない。つまり、ハーディネスはストレッサー（ストレス源）に挑戦する強さを表している。一方、レジリエンスはストレスによる苦痛から立ち直る強さを表しており、両者は異なっている」と説明しています。[9]

「こころが折れない」といったとき、ストレス状況をストレスと認識せずにはねつけるという強さもあるでしょうし、困難な状況にくじけかけ、こころが折れそうになるけれど、ぽっきり折れてしまうことなく、そこからしなやかに立ち直るという強さもあるでしょう。さまざまな研究論文や書籍をみると、ハーディネスは前者に近く、レジリエンスは後者の強さも含めて指しているようです。

かつて、ストレス状況に対して「ストレスを減らす」ことに主眼を置くストレスマネジメントや、「自分はだいじょうぶ」と100回唱えれば何とかなる、といったエセ・ポジティブ心理学（本来のポジティブ心理学はそういうものではありません）がはやっていたこともあります。レジリエンスやハーディネスはそういったものではなく、ストレスを避けることが不可能である現代社会において、ストレス状況に正面から向き合い、対処し、乗り越えていくことが成長や成功の鍵であるという考え方です。

また、前述したように、日本の研究ではレジリエンス要因のなかでも個人内要因に焦点をあてるものが多いですが、本人自身の特性や問題解決能力などだけではなく、何かあったときに支えてくれる人がいるか（ソーシャル・サポート）などの「環境要因」も重要です。

ふだんの生活や仕事・学校でもさまざまなストレスに囲まれており、またいつ何時どのような非常事態が起こるかわからない社会の中で、それでもたくましくしなやかに幸せに暮らしていけるよう、自分や家族のレジリエンスを高めるためには具体的に何をしたらよいのか――さまざまな心理学研究の知見からつくられた「個人のレジリエンス」を高める具体的なプログラムや考え方のいくつかを、第3章「折れない子どもをはぐくむ学校～レジリエンスを高める教育」、第4章「折れない子どもを育てる～家庭で高めるレジリエンス」、第9章「折れない人生・折れない暮らしをつくる」で紹介しましょう。

第2部

折れないこころ、
暮らし、地域、
社会をつくる

第3章

折れない子どもをはぐくむ学校
～レジリエンスを高める教育

心理学、特に認知行動心理学の分野などで、レジリエンスをつくり出す要素やレジリエンスを高めるために何が必要かがわかってきたことから、教育の分野でその知見を活かし、子どもたちや青少年の健全な発達につなげようという動きがいくつかの国で進められています。

子どもたちはそれぞれの年代に発達課題があり（たとえば、青年期ではアイデンティティの確立が発達課題であるように）、その課題を克服していく上でさまざまな困難に直面することがあります。いじめが社会問題となっている国も日本だけではありません。ネット社会の到来なども含め、子どもたちを取り巻く環境は以前にもまして、ストレスの大きなものとなっています。

そういった子どもたちや青少年が、何かつらいことがあった時に、こころが折れてうつ状態に陥ってしまうのではなく、しなやかに立ち直り、その経験を糧に成長できるとしたら、本人にとっても社会にとっても幸せなことです。

レジリエンスを身につけるためのトレーニングを中学校や高等学校の教育過程に取り込むことで、生徒たちが幸せで生産的な学校生活を送れるようにしようという取り組みを進めている国もあります。保育士など子どもに接する専門職や親を対象に、幼児期の子どもたちのレジリエンスを高める働きかけを支援する教育プログラムもあります。世界の先進事例からいくつか紹介しましょう。

◉オーストラリアの取り組み：政府

教育分野にレジリエンスを正面から位置づけ、しっかりと取り組んでいる〝レジリエンス教育先進国〟の一つがオーストラリアです。オーストラリアでは、政府が「安全な学校のための国家枠組

み」を定め、「子どもたちのレジリエンスと幸せ」の向上に力を入れ、さまざまな取り組みを行っています。(1)

この「安全な学校のための国家枠組み」は、「オーストラリアのすべての学校は、生徒の幸せを支える、安全で協力的で共に尊重し合える教育・学習環境にある」をビジョンとして掲げ、以下のようなものを提供しています。

・子どもたちが幸せで互いに尊重し合える、安全で協力的な学校づくりのための、連邦政府のビジョンと指針を提供
・いじめや嫌がらせ、攻撃や暴力のない、安心・安全な教育・学習環境づくりを支える九つの要素（後述）を提示
・各校が全校的・包括的な取り組みができるよう、確かな根拠に基づく具体策を提供
・子どもたちの安全と幸せと学習は、相互に関連し合っており、互いに尊重し合う協力的な教育・学習環境では、いじめや暴力は生まれにくい、という考えに基づく
・各自治体のさまざまな政策や取り組みと連携

「安全な学校のための国家枠組み」の基本理念は以下のように掲げられています。

オーストラリアの学校は、
・学校の構成員の全員が、安心・安全に過ごす権利を認める
・「学校での安全と支援は、子どもたちの幸せと効果的な学習に不可欠である」と認識する

・安全で協力的な学習・教育環境の創出と維持に責任を負い、生徒を保護する責任も果たす
・多様性が尊重される安全な学校の創出と維持に、学校のすべての構成員が積極的に関わるよう促す
・若者が自分やほかの人たちの安全を守るために、理解とスキルの向上を積極的に支援する
・確かな根拠に基づく全校的なアプローチを通して、安全な学校づくりに取り組む

そして、この枠組みの中核に位置しているのが、「安全で協力的な学校をつくる九つの要素」です。

「安全で協力的な学校をつくる九つの要素」

①安全な学校に対する指導者の熱心な努力
②協力的で強い絆を持つ校風
③学校の安全と幸せに関する方針と手順
④学校の教職員のプロとしての学び
⑤望ましい行動マネジメント
⑥生徒の関与、スキルの向上、学校安全カリキュラム
⑦生徒の幸せと当事者意識の重視
⑧早期の介入と的をしぼった支援
⑨家庭や地域社会とのパートナーシップ

「安全な学校のための国家枠組み」のウェブサイトには、学校用のマニュアルが掲載されており、次のように、各校が取り組みを進められるようになっています。

まず、「九つの要素」について、チェックシートを用いて、自校の現状を確認します。その結果をもとに、九つの要素のうち、「自校がすでに取り組んでいるもの」と「自校が取り組むべきもの」を確認し、後者については「各要素を実践するための主な行動・効果的な行動」の項を参考に、具体的な取り組みを進めていきます。そののち、自校の「安全な学校に向けての方針と行動」を文書化し、地域社会への呼びかけや協働を進めます。そして、年に一度、チェックシートで現状と進捗を確認していく、というしくみです。

マニュアルには、実践に役立つサイト情報や、学校での子どもの安全と幸せに関する文献、子どもたちの安全と幸せに関する「よくある質問」、よく使われる用語や定義なども載っており、丁寧でわかりやすく、だれでも取り組めるガイドとなっています。

オーストラリア政府はまた、学校における安全なネット利用を支援するためのウェブサイトを立ち上げて情報提供を行っており、日本の参考になります。子どもや家族の安全なネット利用を促す取り組みの一環として、ヘルプボタンを設置し、ネット上で困ったことに遭遇したときにクリックすれば、政府の支援・助言サイトで助けが得られるしくみもあります。

「安全な学校のための国家枠組み」が始まったのは2003年で、それからの展開や効果について、全国171校によるプロジェクトの実施と評価も行われています。また、「ネットいじめ」など新たな問題に対処するため、2011年に「安全な学校のための国家枠組み」の改訂も行われています。

オーストラリア政府はほかにも、毎年3月第3週に「全国・いじめと暴力に対する行動の日」を設け、生徒の幸せへの取り組みに関する情報・意見収集を行い、「安全な学校はステキな学校コンテスト」を開催するなど、意識と行動の啓発に努めるとともに、わが子がいじめられている人への対処法や支援サイトなどの情報を提供しています。

◉オーストラリアの取り組み：「バウンス・バック！」(2)

オーストラリアでは、政府が「子どもたちのレジリエンスと幸せ」をビジョンとして掲げ、学校のあり方や取り組みを導き、支援する枠組みを提供していますが、そういった枠組みにのっとって、具体的に子どもたちにレジリエンスを高めるための働きかけを行うプログラムがいくつもあります。その一つが「バウンス・バック！（Bounce Back!）」です。

bounce backとは、「跳ね返る」「立ち直る」「元気を取り戻す」という意味ですから、「立ち直ろう！」という名前のプログラムです。

この「バウンス・バック！」プログラムは、教育者で心理学者のトニー・ノーブル氏とヘレン・マクグラス氏が2003年に始めました。ふたりは、子どもや大人が幸福感を高め、レジリエンスと自信にあふれ、成功する力を持てるよう支援する書籍やプロジェクトを提供するほか、政府の「安全な学校のための国家枠組み」の2011年3月の改訂にも参画しています。

「バウンス・バック！」プログラムは、子どもたちや教師のメンタルヘルス、幸せ、レジリエンスを向上させ、安全で協力的な教室と学校づくりを推進することを目的に、幼稚園から中学校までの子どもたちを対象とした、教室で行う全学カリキュラムです。

子ども向けには「幼稚園～小2向け」「小3～小4向け」「小5～中2向け」の教材があり、教師用には教科書のほか、プログラムを支える理論や根拠、研究・調査、授業の進め方を概説したハンドブックが用意されています。ほかに、書籍購入者が無料で入手できるオンライン教材もあり、インタラクティブ・ホワイトボードを使った活動やゲーム、子どもの本、歌、ウェブサイト、映画などさまざまな情報のリストなどが用意されています。

では、「バウンス・バック!」プログラムの「子どもたちのレジリエンスを育てるカリキュラム」の中身を見てみましょう。カリキュラムは、認知行動療法の原則に基づく次の九つの単元から構成されています。

●ユニット1：基本的な価値観
前向きで向社会的な価値観（正直さ、公正さ、責任感、親切心・思いやり、違いの受容、友情と包容、協力、尊重、自尊心）を育てる。

●ユニット2：立ち直る人々
Bounce Backの頭文字（B-O-U-N-C-E-B-A-C-K）で始まるメッセージ文や、レジリエンスの高い有名人から学び、レジリエンスをもって問題に対処する方法を培う。

B：Bad times don't last. Things get better. Stay optimistic.

（悪い時期は続かない。物事は好転していく。楽観的でいよう）

O：Other people can help if you talk to them. Get a reality check.

（話せば、誰かが助けてくれる。現実を把握しよう）

U：Unhelpful thinking makes you feel more upset. Think again.

（役に立たないことを考えても、さらにどうしてよいかわからなくなる。考え直そう）

N：Nobody's perfect. Not you and not others.

（完ぺきな人はいない。あなたも、ほかのみんなも）

C：Concentrate on the positives, no matter how small and use laughter.

（どんなにささいなことでも、明るいことに目を向けよう。笑いの力を活かそう）

E：Everybody experiences sadness, hurt, failure, rejection, and setbacks sometimes, not just you. They are a normal part of life. Try not to personalize them.

（誰だって悲しんだり、傷ついたり、失敗したり、はねつけられたり、つまずくことがある。あなただけではない。生きていれば当たり前のこと。自分だけだと思わないようにしよう）

B：Blame fairly. How much of what happened was because of YOU, OTHERS or BAD LUCK.

（非難するなら正当に。「あなた」、「他の人」、「不運」のせいで起こったのはどのくらい?）

A：Accept what you can't change and try and change what you can.

（自分で変えられないことは受け入れて、変えられることを変えていこう）

C：Catastrophising exaggerates your worries. Don't believe the worst possible picture.

（ささいなことを大変なことのように扱っていたら、悩みが大きくなってしまう。最悪のシナリオなど信じないこと）

K：Keep things in perspective. It's one part of your life.

（広い視野を持とう。このことは人生のほんの一部にすぎない）

●ユニット3：勇気

日常生活や困難な状況における、さまざまな勇気について学ぶ。

●ユニット4：物事の明るい面を見る

楽観的な考え方を学ぶ。

●ユニット5：感情

前向きな感情を高め、後ろ向きの感情（不安、悲しみ、怒りなど）をコントロールする方法を学ぶ。

●ユニット6：関係性

友情を築き維持するスキルと、争いに対処するスキルを学ぶ。

●ユニット7：ユーモア

対処スキルとしてのユーモアを学ぶ。ユーモアは健康や幸せ、仲間との絆づくりに欠かせないが、人と人との間を隔てることもある。

●ユニット8：いじめはいけない

いじめについて学び、ネットいじめを含むいじめに対処するスキルや、いじめられている仲間を支える勇気を学ぶ。

●ユニット9：成功

強さ（性格的な強さ、能力的な強さ）とは何か、粘り強さ、目標設定の方法など、成功するためのスキルと姿勢を学ぶ。

これらのユニットの中身を見ると、「自尊心」「楽観的思考」「勇気」「感情のコントロール」「ユーモア」「社会的スキル（対人関係）」「物事を成し遂げるためのスキル」などがレジリエンスをはぐくむために必要なものと位置づけられていることがわかります。

ノーブルさんにお話をうかがったところ、このプログラムは、単発ではなく、何年にもわたって全校的に行う多面的なプログラムであること、プログラムの内容や教育の戦略はポジティブ心理学と認知行動療法に基づいていること（教育と心理学を結びつけた包括的なプログラムは珍しい）、主に絵本や児童書などを使って、クラスの担任教師が教えるプログラムであることを教えてくれました。

絵本や児童書を使うのは、カリキュラムの導入として好む先生が多く、物語のメッセージは豊かな議論につながり、人生に活かせるためとのこと。プログラムでは400冊以上の児童書を紹介しているそうです。リストを見せてもらいましたが、日本語に翻訳され刊行されている絵本もいくつもありましたので、日本でも同様の教育教材としても使えそうです。

教室では主に、輪になって座る「サークルタイム」形式で実施します。協同学習や教育的ゲームを通して、よい関係や前向きな感情を育て、社会的・感情的スキルを生徒たちに教えるほか、親への情報も提供しています。

ノーブルさんは、ビクトリア州教育省が森林火災の被害を受けた7地域の学校のために「バウンス・バック!」のトレーニング・ワークショップを企画し、40校以上の教師や職員が参加した事例を教えてくれました。

元気のない子どもと親には特別なトレーニング・カウンセリングを実施し、「バウンス・バック!」の4ユニット(「立ち直る人々」「感情」「勇気」「物事の明るい面を見る」)で用いる40冊の絵本や児童書を学校に送ったところ、子どもたちの状態が改善する効果が見られたそうです。「日本の被災地の学校にも役に立つのではないか」とおっしゃっていました。

「バウンス・バック!」プログラムは、今ではオーストラリア国内だけでなく、スコットランドのさまざまな地域の学校や、カンボジアの児童養護施設などでも採り入れられているそうです。

◉オーストラリアの取り組み：マインドマターズ（MindMatters）(3)

オーストラリアには、「マインドマターズ」（MindMatters こころが大事）という取り組みもあります。これは中学校・高校を対象としたこころの健康に関する取り組みで、オーストラリア政府保健・高齢化省の資金援助を受けて、オーストラリア校長会が運営しているものです。1997年から1998年にかけて行われたパイロット・プロジェクトの成功を受けて、2000年に始まりました。針間博彦氏は、このプログラムについてこのように紹介しています(4)。

> 教育用資料キットは2002年にオーストラリア国内のすべての中等学校に配布され、専門能力開発プログラムには2010年末までに14万人以上が参加したという。
> こうしたプロジェクトが開発された背景には、オーストラリアの小児・青年の約20%が精神保健問題に影響を受け、その半数が学校と社会での発達に支障をきたしていることから、若者の精神保健に取り組む必要性の認識が高まったことがある。

この「マインドマターズ」では、次のような目標が設定されています。

・オーストラリアの中学・高校生のこころの健康と幸福の促進や、予防・初期介入する活動を定着させる
・人生の困難に直面した時に必要となる社会的・情緒的なスキルを発達させる

・学校社会が好ましいこころの健康と幸福の風潮をつくり出す手助けをする

これらの目標達成のために、マインドマターズは専門能力を身につけるためのワークショップを開催しています。これまで、83%の中学校・高校から教職員がワークショップに参加しているそうです。

レジリエンスを高めるためには、「カリキュラム」だけでなく、「校風と環境」「相互関係と援助」という相互に関連する三つの領域を対象にする必要があるという問題意識から、以下のようなレジリエンスを高めるためのアプローチを提案しています。ここでも、「生徒」などの個別の要素だけではなく、相互に関連しあうさまざまな要素からなるシステムとしてのレジリエンスの強化を図ろうとしていることがわかります。

〈カリキュラム〉

・包括的な保健教育
・ソーシャル・スキルのトレーニング
・学習スキルのトレーニング
・ストレス対処プログラム、など

〈校風と環境〉

・職員に助けを求められること

・違いを認めること
・仲介と対立の解決、など

〈相互関係と援助〉
・カウンセリング・サービス
・家族による助け
・生徒同士の助け合い
・教師同士、教師と生徒、両親と教師の関係性、など

具体的には、『レジリエンスを高める1：コミュニケーション、変化、挑戦』『レジリエンスを高める2：ストレスと対処』といった冊子を制作し、学校に配布しています。『レジリエンスを高める1：コミュニケーション、変化、挑戦』は、中学校に入学したばかりの生徒を、『レジリエンスを高める2：ストレスと対処』はそれ以降の学年を対象とするものです。

入学直後の中学生を対象とする『レジリエンスを高める1：コミュニケーション、変化、挑戦』には、新しいグループに有効な方法として、「グループの中でボールなどをパスしていき、投げる時に、自分の名前とパスする相手の名前を言う」といったゲームや、教室の中をぐるぐる歩き、笛が吹かれたら、近くの人と2人1組になって、お互いに話をして、「共通点を四つ探す」ことを繰り返すゲームなどが紹介されています。

こういった、お互いに打ち解け、知り合うためのゲームのほか、みんなで安全で友好的な学習環境をクラスにつくり出すためのルールや期待を設定するゲーム、チームのまとまりを高めるためのゲームなど、多くのアクティビティ（活動）やゲームが用意されています。

そのほかにも、国語の授業で用いる、友情を構築し、維持する難しさを探索する「友情と帰属意識」というアクティビティ、社会の授業で用いる、個人と社会のアイデンティティを考え、帰属や文化の問題を取り上げる「人、アイデンティティ、文化」というアクティビティなど、クラスの中で実際に使用できるさまざまなアクティビティやゲームが用意されています。

上の学年向けの『レジリエンスを高める2：ストレスと対処』は、生徒のレジリエンスとつながりを高める方法を教授するものです。特に、ポジティブな校風をつくり出すこと、参加とコミュニケーションへの継続的な機会を提供することを重視しています。

対処スキルを高めるためのアクティビティは、この年代の青少年が直面することの多いストレスや難題のいくつかを取り上げ、ストレスに関連するさまざまな感情を探索します。難しい状況に対する対処方略を考えるアクティビティもあります。

また、〃ストレスバスター〃（ストレスをやっつける）のアクティビティとして、自分を支えてくれるグループの役割と効果、援助を求める行動における信頼と勇気の役割、衝突の解決とストレスマネジメント法の重要性などを、ゲームや小グループでの議論などを通じて考えていきます。

たとえば、「宇宙人に人間のストレスとは何かを説明する」という想定の元に、ストレスについて定義を行い、人によってストレスには違いがあることなどを確認するといったアクティビティや、ストレスや困難な状況の解決方法を考えるアクティビティなどがあります。

◉ペンシルバニア大学レジリエンス・プロジェクト(5)

米国では、ペンシルバニア大学が小学校から中等学校向けのレジリエンスを高める教育プロジェクト「ペン・レジリエンス・プロジェクト」を展開しています。その中心となっているのは、ポジティブ心理学の第一人者として著名なマーティン・セリグマン博士です。

「ペン・レジリエンス・プロジェクト」は、もともとは成人のうつに対する予防プログラムとして考案・実施されたものですが、その後、教育分野でも展開されるようになり、世界中のレジリエンス教育の基盤となっています。セリグマン博士のポジティブ心理学に基づくレジリエンス・スキルの考え方や内容については、第4章の「折れない子どもを育てる〜家庭で高めるレジリエンス」で詳しく紹介します。

「ペン・レジリエンス・プロジェクト」のプログラムは、何かうまくいかないことが起こったときにそれをどのようにとらえるかに関する「認知行動学的スキル」と、難しい状況や感情に対する「問題解決スキルや対処スキル」の二つの部分からなっています。

通常、90分のクラスを12回、または60分のクラスを18〜24回行います。12回分のカリキュラムは、次のようになっています。

第1回：思考と感情のつながり

第2回：思考スタイル
第3回：思い込みに挑む：代替案と証拠
第4回：思考を評価し、大局的に見直す
第5回：第1～4回のおさらい
第6回：アサーション（明確に自分の意見を主張すること）と交渉
第7回：対処方略
第8回：段階的スキルと社会的スキルのトレーニング
第9回：意思決定と第6～8回のおさらい
第10回：社会生活における問題解決
第11回と第12回：プログラム全体のおさらい

こういったプログラムは効果があるのでしょうか？　実際に、子どもたちのレジリエンスを高め、うまくいかない出来事があっても、こころが折れて立ち直れなくなったり、うつ状態に陥ることなく、しなやかに立ち直る力につながっているのでしょうか？　ペンシルバニア大学の「レジリエンス・プロジェクト」では、プログラムの評価も行っています。

2000人以上の8～15歳の子どもと青年を対象に、少なくとも13件の対照群との比較研究が行われています。うつ症状や、悲観的な説明スタイルなどうつにつながる認知スタイルなどに対してこのプログラムの効果を評価した研究をまとめると、「このプログラムは、うつや不安といった症状を予防する」ことが示唆されています。長期のフォローアップ研究では、プログラムの効果は2年以上続くこともあると述べられています。

この「ペン・レジリエンス・プロジェクト」は、米国以外でも、英国やオーストラリアにも導入され、実施されています。

◉カナダの保育士や親向けの取り組み：RIROレジリエンス・スキル・トレーニング・プログラム(6)

カナダで活動しているRIRO（Reaching IN…Reaching OUT）という団体では、ペンシルバニア大学のセリグマン教授の35年以上にわたる研究と、「ペン・レジリエンス・プログラム」、およびRIROの10年以上にわたる体系的な評価をもとに、「RIROレジリエンス・スキル・トレーニング・プログラム」を提供しています。

8歳以下の子どもに接する専門家や親を対象とするもので、人生で避けることのできないストレスや難しい問題に対して、子どもたちがレジリエンスのあるアプローチで対処できる力をつけられるよう、RIROのスキルを学んで働きかけができるようにするトレーニングプログラムです。保育士など子どもに接する専門家向けと、親向けの二つのプログラムが用意され、それぞれ定期的にトレーニングが開催されています。

2002年にパイロット・プロジェクトが始まって以来、これまで約5000人の保育士など子どもと接する専門家がトレーニングを受け、約5万人の子どもたちがその恩恵を受けていると推定されています。このプログラムを普及するために集中講座を受講したトレーナー・教育者もカナダ中に200人以上育っているそうです。

RIROでは「レジリエンスの3R」として、人生や暮らしの中での難しい問題や場面に対して、Relax（リラックスする）、Reflect（振り返る）、Respond effectively（効果的に反応する）の三つのスキルを教えています。

レジリエンス・スキルを身につけることで、大人も子どもも、レジリエンスに関連する七つの重要な能力をはぐくむことができます。

レジリエンスに関連する七つの重要な能力

- 自分の感情を自分で管理《マネジメント》する
- 自分の衝動をコントロールする
- 問題の原因を分析する
- 他の人に共感する
- 自分の能力を信じる
- 現実的な楽観主義を維持する
- 他の人や機会に手を差し出す

RIROスキル・トレーニング・プログラムは、12時間のカリキュラムとなっています。第1部では、まず大人自身が重要なレジリエンス能力の基礎を構築し、第2部で、そのスキルを子どもに身につけさせる方法を学びます。子どもは大人を見て育つことから、教える大人自身もレジリエンスのスキルを身につけておく必要があるということで、二段階の構成になっているのです。

第1部では、次のようなことができるようになります。

・レジリエンスに関連する重要な能力が何かを知り、強化する
・ストレス状況でも、落ち着きと集中力を保つための方略を用いる
・自分の考えが、ストレスや難しい状況に対処する能力にどのような影響を与えうるかを知る
・レジリエンスを阻む〝習慣的思考〟に対し、本当にそうなのかと疑ってみる
・衝突や問題、ストレスに対処する上で、これまでとは異なるやり方をつくり出す

具体的には、次のスキルを身につけます。

・レジリエンスに関連する七つの重要な能力（87ページ参照）
・落ち着くこと、集中すること――身体をリラックスさせ、こころを落ち着かせ、注意を集中するやり方を学ぶ
・ABC思考法――ある状況についての自分の考えが、どのように、ストレスや難しい状況に対処する上での手助けや障害になるかを確認してみる（ABC思考法については第4章で説明します）

・自分の思い込みに対し、本当にそうなのかと疑ってみる――レジリエンスに欠ける〝習慣的思考〟に異議を唱え、衝突や問題、ストレスに対する、レジリエンスにより富んだ反応につながる、別の考え方を生み出す
・「氷山の思い込み」に気づく――根の深い思い込みがいかに対人関係に不要な摩擦をもたらし、チャンスをつかむ邪魔をしているかを発見する

第2部では、子どもにレジリエンス・スキルを教える方法を学びます。

・お手本としてスキルを示し、子ども自身と子どもを取り巻く環境のレジリエンスをはぐくむ
・自分自身のレジリエンス・スキルを用いて、子どもの行動についての理解を広げる
・子ども向けの絵本や児童書、人形劇、遊び中心のアクティビティなど、子どもが取り組みやすいアプローチを用いて、レジリエンス・スキルを自分の仕事の中に組み込む

具体的には、次のようなことを学びます。

・保護因子――うつや攻撃性の予防と対処
・子どもがレジリエンスに関連する七つの重要な能力を身につけることを手助けするやり方
・レジリエンス・スキルを用いて、子どもの思考と行動の理解を広げる方法

・子ども向けのレジリエンス育成のアクティビティ――絵本や児童書、人形劇やアクティビティを用いて、選択したレジリエンス・スキルの評価、働きかけの計画づくり、導入を行う

この12時間のプログラムは、全日×2日、半日×4日、業務後のセッション×6回、短時間のセッション×10〜12回（お昼休みや、子どもたちのお昼寝の時間などに向いている）など、さまざまな形で実施できることが実証されているそうです。

RIROではプログラムの効果についても調べています。2002年のパイロット・プロジェクトでは、レジリエンス・スキルのお手本を示すやり方はあらゆる年齢層の子どもたちに効果を発揮し、3歳半の子どもでも直接スキルを教えることから効果があったことがわかっており、その後のフォローアップ調査でも、同様の結果が得られているとのことです。

フォローアップ調査の結果、参加者の96％が職場で、92％が職場以外（家庭や地域社会）で学んだスキルを使っていることがわかりました。98％が子どもに対してレジリエンス・スキルのお手本を示し、93％が「トレーニングは、子どものポジティブな変化に気づき支援する上で役に立っている」と回答しています。そして最も大事なことに、参加者は「レジリエンス・スキルを学んだ子どもたちが、そのスキルをほかの子どもたちに使っている様子を目にする」と述べています。

◉日本の取り組み

日本では「レジリエンス」という言葉や考え方を知る人もまだ少なく、「子どもたちのレジリエンスをはぐくむ」とうたう取り組みは、政府や研究機関、NGOなどでもほとんどないのが現状ですが、子ども問題の研究者や関心のある教員たちのグループ「子どもの行動学研究会」と「レジリエンス研究会」が合同で民間研究会を重ね、その成果を書籍『子どもの「こころの力」を育てる――レジリエンス――』(7)にまとめて発表しています。

この本は、レジリエンスとそれを構成するもの、つまり、「子どもたちにどういう力をつけさせることが必要なのか」をとてもわかりやすく説明しています。また、そういった力をつけるために学級で行うことができるワーク(アクティビティ)を「低学年」「中学年」「高学年」に分けて紹介し、教師用の指導ガイドもあります。

これまで紹介してきたオーストラリアやカナダのプログラムと比べても、状況をどうとらえるかという「認知スキル」や、対人関係にうまく対処するための「社会スキル」だけでなく、さらに根本的に重要な「こころの力」についても取り上げている、包括的ですばらしい枠組みとプログラムです。この内容については、次章の「折れない子どもを育てる〜家庭で高めるレジリエンス」で詳しく紹介しましょう。

第**4**章

折れない子どもを育てる
～家庭で高めるレジリエンス

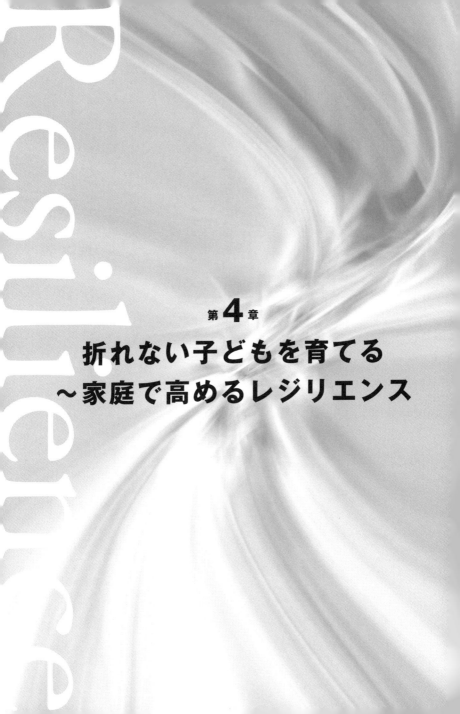

「あなたの子どもにどういう大人になってほしいですか？」と尋ねたら、「どんなときにも明るく強く生きられる人」「大変なことがあってもそれをばねに成長できる人」という答えが多いのではないでしょうか？　人生には思い通りにならないことも多々あり、それらをじょうずに乗り超えてたくましく生きていくことが大事であることは、自分の経験からも痛感していることでしょう。

では、どうすれば、何があってもめげない、こころの強いたくましい子どもを育てていけるのでしょうか？

第3章「折れない子どもをはぐくむ学校〜レジリエンスを高める教育」で具体的に紹介したプログラムから、子どものレジリエンスをつくり出すものをまとめてみましょう。

◉子どものレジリエンスをつくり出すもの

オーストラリアの「バウンス・バック！」プログラムでは、

・自尊心
・楽観的思考
・勇気
・感情のコントロール
・ユーモア
・社会的スキル（対人関係）
・物事を成し遂げるためのスキル

がレジリエンスをはぐくむために必要と位置づけられていました。

同じくオーストラリアの「マインドマターズ」のカリキュラムで、子どものレジリエンスを高めるトレーニングや力として位置づけられているのは、

・(対人関係などの)ソーシャル・スキル
・学習スキル
・ストレス対処
・助けを求められること
・違いを認めること
・仲介と対立の解決

です。

米国ペンシルバニア大学のセリグマン博士らが始め、世界各地にも広がっている「ペン・レジリエンス・プロジェクト」のプログラムでは、

・認知行動学的スキル：何かうまくいかないことが起こったときにそれをどのようにとらえるか
・社会スキル：問題解決スキルや対人関係のスキルなど

の二つが子どものレジリエンスをつくり出し、支えるものとして位置づけられています。

表4-1　従来のアプローチとレジリエンスを育てる教育の違い

従来のアプローチ	レジリエンスを育てる教育
強い意志	こころのしなやかさ
がんばれ	なんとかなるさ
自主自立	なかまに助けを求める
ストレスをへらす	ストレスをパワーに変える

（深谷和子、上島博、子どもの行動学研究会著『子どもの「こころの力」を育てる―レジリエンス―』より）

8歳までの子どものレジリエンス向上を目的とするカナダのＲＩＲＯでは、次のようにレジリエンスに関連する七つの重要な能力を打ち出しています。

・自分の感情を自分で管理する
・自分の衝動をコントロールする
・問題の原因を分析する
・他の人に共感する
・自分の能力を信じる
・現実的な楽観主義を維持する
・他の人や機会に手を差し出す

このようにプログラムの内容を見てみると、「自尊感情・自己肯定感」「楽観志向・楽観主義」「感情のコントロール」「社会的スキル（対人スキルや問題解決スキルなど）」は複数のプログラムで取り上げられており、「ユーモア」「勇気」「共感力」なども、子どものレジリエンスを培う上で重要なものと考えられていることがわかります。

◉子どもの「こころの力を育てる」三つのキャッチフレーズ

第3章の最後に「包括的ですばらしい枠組み」と紹介した、日本の子ども問題の研究者や関心のある教員たちのグループが合同で研究成果をまとめた『子どもの「こころの力」を育てる——レジリエンス——』[1]の考え方を紹介しましょう。

表4-1を見ると、従来のアプローチとレジリエンスを育てる教育の違いがわかると思います。レジリエンスのある、つまり「こころの力」の強い子を育てるために必要であり大事なこととして、同書では「自尊感情を確かなものにする」「子どもを支える」「責任を持つことを教える」「ガマンを教える」「勇気という言葉を使う」の五つを挙げ、「元気！」「しなやか」「へこたれない」という三つのキャッチフレーズで、さまざまな「こころの力」を整理しています。この三つの具体的な内容を紹介しましょう（次ページ図4-1）。

一つめの「元気！」は、〝こころの力の基礎体力〟とも言える部分と位置づけられ、「生活習慣の確立やお手伝いなどの直接体験の積み重ね」も重要な構成要素であるとしています。これまで紹介してきたオーストラリアや米国、カナダのプログラムにはない、とても重要な観点です。「元気！」の四つの要素とそれぞれの簡単な説明は次のとおりです。

①自尊感情：自己有能感、自分の存在を根拠なしに肯定できる確信的な自尊心

図4-1　「こころの力」の強い子を育てる3つのこと

「元気！」

①自尊感情
②感情の調整、セルフ・モニタリング
③欲求不満耐性・基本的な生活習慣
④直接体験の積み重ね

「しなやか」

①楽観性、プラス思考
②つながる力（関係指向性、相談性、人間関係）
③コミュニケーション能力、アサーション

「へこたれない」

①ストレスコーピング（ストレスマネジメント）、合理的分析
②立ち直れる自信と見通し
③アイデンティティ、正義感、信念
④夢や目標、生きる意志

（深谷和子、上島博、子どもの行動学研究会著『子どもの「こころの力」を育てる―レジリエンス―』より）

②感情の調整、セルフ・モニタリング：自分をよく知ること、毎日の生活を振り返ること、自分の気持ちを表す言葉を吟味すること

③欲求不満耐性・基本的な生活習慣：我慢する力、早寝早起きなどの基本的な生活習慣

④直接体験の積み重ね：友だちと外で遊んだりけんかをすること、大自然の中で活動すること、家のお手伝いで工夫しながら仕事をすることなど、体を動かした直接体験

二つめの「しなやか」は、楽観性、思考の柔軟性、コミュニケーション能力、仲間とつながる力などで、三つの

要素が挙げられています。

①楽観性、プラス思考

②つながる力（関係指向性、相談性、人間関係）

③コミュニケーション能力、アサーション：自分の気持ちを適切に表現したり、友だちの話をよく聞いたりするコミュニケーション能力、相手のことも配慮しながら自分の気持ちを伝えていこうとするアサーション（非攻撃的自己主張）

三つめの「へこたれない」は、落ち込んでも立ち直る力、悩みを客観的に見直して分析・解決できる力、夢や希望を持っていること、生きる意志など、レジリエンスの中心をなす部分です。

①ストレスコーピング（ストレスマネジメント）、合理的分析：ストレスを評価し、対処すること、ストレスの原因やまわりの状況についての合理的な分析や展望

②立ち直れる自信と見通し：自分が立ち直れたという自信、次に困難に出会っても「自分はだいじょうぶ」という感覚、こんなふうに乗り越えられるだろうという見通し

③アイデンティティ、正義感、信念：正義の信念、自分が絶対的に依って立つアイデンティティや信念
④夢や目標、生きる意志

『子どもの「こころの力」を育てる—レジリエンス—』には、低学年用、中学年用、高学年用として、上記のレジリエンスの各要素を強めるためのワーク（アクティビティ）が載っています。家庭でも採り入れたり応用したりできそうなものもあるので、教師や保育士など職業として子どもに接する人以外にも役に立ちそうです。

ここまで、主に内外の取り組みから、子どものレジリエンスをはぐくみ、支えるさまざまな要素や力を見てきました。なかでも中核に位置づけられる「自己肯定感・自尊感情」と「楽観志向」について、具体的に考えていきましょう。

◉レジリエンスの中核——自己肯定感・自尊感情

「自己肯定感」と「自尊感情（自尊心）」は、厳密には同一の概念ではありませんが、ここでは大きく、「この自分でよいのだ」「自分は大切な存在だ」「自分はかけがえのない存在だ」と思える、自分に対して前向きなこころの状態としておきます。

自分を受け入れることができない、自分を大事だと思えない心理状態の子どもは、うつ、依存症

や摂食障害、自傷や自殺を引き起こす危険性があると言われています。そうでなくても、自分を肯定できないと、何かうまくいかないことが起こったとき、「どうせ自分なんて」と消極的になってしまい、しなやかに強く立ち直ることは難しくなることでしょう。したがって、これまでに紹介したレジリエンス教育プログラムの多くでも、「自己肯定感・自尊感情」ははぐくむべきものとして取り上げています。

このレジリエンスを根底で支える自己肯定感・自尊感情の基礎ができるかどうかは、幼少期の育てられ方に大きく左右されると言われています。つまり、親やまわりの大人が、「あなたはよい子だ」と伝えながら育てるのか、「おまえはだめなやつなのだ」と（言葉で言わなくても態度でも）伝えながら育てるのか、ということです。子どものレジリエンスを育てるためには、子どもが「前向きな自己イメージ」を持てるような声がけや接し方をすることが非常に重要なのです。

もっとも、「前向きな自己イメージが大事」といっても、子どもが失敗してもうまくできなくてもいつでも、「あなたはよい子」と言えばよい、というわけではありません。セリグマン博士は、書籍『つよい子を育てるこころのワクチン』[2]の中で重要な警告をしています。

アメリカではずっと前から「子どもに自尊心をもたせる運動」ともいえるものがつづいています。教室には「あなたは特別な子どもです」というスローガンが満ちあふれ、多くの教師や親たちが、子どもの自尊心を高めようと努力をしているのです。「自尊心こそ、すべての行動の基礎である」と考えているからです。

そのために能力別クラス編成は廃止されました。下のレベルにいる子どもたちが自尊心を失うといけないからです。ＩＱテストも中止です。得点の低い子が自信を失うと困るからです。みんながいい成績になりました。悪い成績をつけられた子どもは、いい気持ちがしないでしょうから。教室でも、習熟度の低い子どもたちに合わせて教えることになりました。学ぶのに時間がかかる子どもたちを傷つけないためです。競争はよくないものとなりました。

（中略）

本来、自尊心をもつということは、課題を克服したり、努力が実ったり、フラストレーションや退屈に負けなかったり、勝利を収めることの結果や、副次効果として出てくるものなのです。現実世界のなかで「うまくやる」ことをとび越えて、自尊心をもてというのは、手段と目的を取りちがえていることにほかなりません。

「自尊心をもてる、もてない」ということは、成功と失敗の〝原因〟ではなく、〝結果〟なのだとすれば、自尊心をただもちなさいといいつづけても意味のないことです。必要なのは「うまくやる」方法を教えることなのです。

つまり、「子どもに自尊心や前向きな自己イメージを持たせよう」といっても、裏付けのない空っぽの掛け声では意味がない、ということです（大人の間でも「ポジティブであることが大事」とポジティブ・シンキングが流行ったことがありますが、根拠も行動もないままに「自分は大丈夫」「自分は特別だ」と唱えるだけでは意味がないのと同じです）。

うまくいかない状況に陥ったときに、「やっぱり自分はだめなんだ」とこころが折れてしまうのではなく、「今はうまくいっていないけど、だからといって自分のすべてがだめなわけじゃない」と思えること――これこそが本当の意味での前向きな自己イメージなのでしょう。そういう意味で、「自己肯定感・自尊感情」は、次の「楽観志向」の結果として生まれるものかもしれません。

◉楽観志向とその要素

子どものレジリエンスをはぐくむ多くのプログラムに認知行動心理学の基盤を提供しているセリグマン博士は、もともとは「学習性無力感」の研究者でした。

自分ではコントロールできない出来事が何度も降りかかると、人は何もせずにあきらめるようになります。セリグマン博士が無力感の原因と治療、予防について研究した結果、何もせずにあきらめる無力感をもたらすのは、その出来事そのものではなく、「それをどうすることもできない」状況であることがわかりました。そういった状況が繰り返されると、学習（経験の繰り返し）によって身についてしまう無力感を「学習性無力感」と名付けたのでした。

学習性無力感はうつの状態によく似ていることから、この無力感をへらす方法が見つかれば、実際のうつ病の治療にも使えるのではないかと考えたセリグマン博士は、研究を進めました。その結果、悲観的な考え方の人々は、無力感に陥りやすく、うつ病にかかるリスクも高いことがわかりました。逆に、楽観的な人々は、解決できない問題や逃れられない出来事に直面しても決してあきらめません。博士は、「何でもすぐにあきらめてしまって、うつのリスクがとくに高い人々に、無力感に抵抗できる力をもたせるにはどうしたらよいか」という研究に没頭するようになりました。

この「楽観志向」は、子どもの中でどのように育つのでしょうか？『つよい子を育てるこころのワクチン』にはこのように説明されています。

幼児期の楽観志向は、自分の思ったとおりの結果が得られる「行動」を繰り返すなかで形づくられていきます。この時期の子どもにとって必要なことは、親に支えてもらいながら、難題に直面してもがんばって、障害をのりこえる習慣をつけることです。

小学校に入学すると、楽観志向の子どもに育つポイントは、〝思ったとおりにできる〟という「行動」から、その子の「考え方」――とくに失敗したときにどう考えるか――へ移っていきます。

学童期になると、子どもは、できごとについての因果関係について考え始めます。なぜ自分はうまくいったのだろう？　なぜ失敗したのだろう？　自分なりの考え方を形成し始めるのです。そして、どうすれば、失敗を成功に変えることができるかと考え始めます。このときの考え方が、子どもの楽観志向の基礎となります。（中略）

思春期に足を踏み入れるころ、子どもの世界観は結晶してある形となっていきます。その時点で、あなたの子どもは、悲観的で、受け身で、内向的になっているかもしれません。思春期には挫折や失敗がつきものですが、このような子どもは、挫折をきっかけにうつに陥る危険性が増していきます。

（中略）

生まれつき悲観的にばかり考える子どもはいません。悲観志向は、子どもを取りまく現実から直接出てくるものでもありません。失業者や末期患者、都会のスラムに暮らす人々など、きびしい現実のなかで生きている人々が、それでも楽観的であることも多いのです。悲観志向は現実の問題をどう考え、どのように対処していくかで生まれてきます。子どもたちはこの「見方」を親や教師、マスコミなどから学び、こんどは自分の子どもへ伝えていきます。

悲観志向の人は、うつ病にかかる確率が高く、学校でも仕事でも遊び場でも、その才能を発揮しきることができず、病気にもかかりやすいことが多いのです。もしあなたの子どもがすでに悲観的になっているとしたら、学業不振に陥る危険があり、うつや不安症の問題が出てくるかもしれません。そして、子どもの悲観的考え方は、生涯にわたってその子が挫折や失敗するたびにもち出すパターンとなってしまいます。すると、「ほら、やっぱりね」と、ものごとは考えたように、悪い方向に展開してしまうのです。

楽観志向が大事であることはよくわかりましたが、では、その楽観志向とは具体的にどういうことなのでしょうか?

楽観志向の人と悲観志向の人では、同じ出来事に対しても異なる反応が出てきます。たとえば、自分たちの野球チームが試合に負けてしまったという、まったく同じ「うまくいかない状況」を体験しても、子どもによって、落ち込んで立ち直れない子がいたり、次の試合に向かってさらにやる気を出す子がいたり、その「結果」はまったく異なるものになることがあります。

この違いは、それぞれの子どもの「状況の捉え方・考え方」の違いから生まれると考えます。こ

図4-2　自分の考え方を冷静に分析するABC思考法

A(adversity)

うまくいかない状況。おもしろくなかった休暇や親友とのけんか、愛する人の死など、マイナスのできごと

B(belief)

考えや思い。その状況についての「考え方」や「捉え方」

C(consequence)

結果。そのうまくいかない状況の後に、どのように感じ、行動するか

れをわかりやすく示したのが、セリグマン博士の「ＡＢＣ思考法」です。

Ａ：(adversity)：うまくいかない状況。おもしろくなかった休暇や親友とのけんか、愛する人の死など、マイナスのできごと。

Ｂ：(belief)：考えや思い。その状況についての「考え方」や「捉え方」。

Ｃ：(consequence)：結果。そのうまくいかない状況の後に、どのように感じ、行動するか。

「うまくいかない状況」が自動的に「結果」をもたらすように思えることが多いのですが（「野球の試合に負けたから落ち込んだ」というように）、ＡＢＣ思考法では具体的な「結果」をもたらすのは、「状況の捉え方・考え方」であると考えます。「自分のせいで負けた、もうこれでおしまいだ」と〝考え〟たから、試合に負けたという〝状況〟に対して、落

ち込むという〝結果〟が出てくるのです。同じ〝状況〟に対しても、「今日は調子が悪かったから負けたけど、次はがんばればいい」という〝考え〟ならば、練習に走っていくという〝結果〟かもしれません。

セリグマン博士は「楽観志向」をこのように説明しています。

楽観志向の本質は、前向きな言葉や勝利をイメージすることにあるのではなく、できごとに対する「原因」をどう考えるかにあります。だれでも、何かが起こったとき、その原因を自分に説明しようとします。この「説明のしかた」は個性のひとつで、幼いころに形成され、外からの強い働きかけがなければ、一生の間ずっと変わりません。

何かいいことや悪いことが自分に起こったときに、私たちはだれでもどうしてこうなったのか考えるのですが、そのとき、重要な要素が三つあります。「時間的広がり」「影響がおよぶ範囲」「自分化」の三つです。

「時間的広がり」とは、うまくいかない状況の原因は「ずっとつづくもの」と考えるか、「一時的なもの」と考えるか、です。「影響がおよぶ範囲」とは、あることが起こったとき、「その影響は自分の人生のさまざまな面におよぶだろう」と考えるか、「影響は限定的だろう」と考えるか、です。「自分化」とは、うまくいかない状況のときに、「自分のせい」と考えるか、「他人や状況のせい」と考えるか、です。もちろん、子どものせいで問題が起きたならその責任を回避させてはならないの

図4-3　楽観志向―悲観志向を形作る3つの要素

永続的 ― 一時的

・永続的：この原因は永久につづくものだ。
・一時的：この原因は変えることができる、またはその場だけのものだ。

全面的 ― 限定的

・全面的：この原因は多くの状況に影響をあたえる。
・限定的：この原因は二つか三つ程度の状況だけに影響をあたえる。

自分化 ― 自分化しない

・自分化：自分のせいだ。
・自分化しない：他人や状況のせいだ。

ですが、一方、自分のせいでなくても自分を責めてばかりいるのもよくありません。

各要素を整理してみると、このようになります。

時間的広がり

永続的＝この原因は永久につづくものだ。

一時的＝この原因は変えることができる、またはその場だけのものだ。

影響がおよぶ範囲

全面的＝この原因は多くの状況に影響をあたえる。

限定的＝この原因は二つか三つ程度の状況だけに影響をあたえる。

自分化

自分化＝自分のせいだ。

自分化しない＝他人や状況のせいだ。

悲観志向の強い人は、うまくいかない状況の原因はずっとつづく（「いつも」）、その影響は全面的（「すべて」）に及び、それは「自分のせい」だと考え、一方、楽観志向の強い人は、うまくいかない状況があっても、その原因は一時的だと考え（「今は」）、その影響は人生すべてに及ぶわけではなく限定的であり（「これは」）、それは「すべて自分のせいというわけではなく、状況や他人のせいでもある」と考えます。

たとえば、子どもが何か失敗して親に叱られたとしましょう。そのとき、悲観志向の子どもは、「お母さんはいつもぼくを怒る。親だけじゃなく、みんなぼくをだめなやつだと思っている。それはぼくが悪い子どもだからだ」と胸の中でつぶやいているかもしれません。

一方、楽観志向の強い子なら、「今日は失敗したから怒られちゃった。失敗したのは、やり方がよくわからなかったからだ。お母さんの機嫌が直るまで、友だちのところに行ってこようかな」と思うかもしれません。

そこで、第3章で紹介した「ペン・レジリエンス・プロジェクト」では、悲観志向の子どもたちが楽観志向のアプローチがとれるように、次のプロセスを教えます。

①自分のこころの中のつぶやき（無意識のうちに自動的に考えるいつものパターン）に気づく

②その考え方をそのまま受け入れるのではなく、「永続的―一時的」「全面的―限定的」「自分のせい―自分以外のせいでもある」という軸に位置づけてみる。客観的な証拠に照らし合わせて合理的に考

えたとき、その位置づけはどのくらい正しいのか、偏っていないかを自分でチェックする

③悲観志向に偏っている場合、楽観志向の考え方をとってみる

うまくいかない状況をゼロにすることはできません。人生にはうまくいかない状況がつきものですから。しかし、そういった状況に対する子どもの考え方を変えることはできます。それによって、その結果としての感じ方や行動も変えることができるのです。セリグマン博士らのプログラムは、子どもが自分の考え方や思い込みに気づき、変えていく力をつけるためのものなのです。

◉正しい叱り方

子どもたちは大人がどのように自分を叱るのかを聞いて、その批判のしかたも吸収しています。もし「今日は一生懸命やらなかったね」ではなく、「おまえは怠け者だ」と叱れば、子どもは「自分の失敗は永続的で変えようのない原因のせいだ」と考えるようになるでしょう。大人の叱り方が子どもの説明スタイルに影響を与えるのです。

セリグマン博士は、子どもを叱るときに気をつけるべきポイントとして、

・叱る強さが適切か――非難しすぎると、子どもは変わらなくてはと思う以上に、罪や恥の意識をもつようになってしまう。一方、まったく叱らないのでは、子どもに責任を取らせることにならず、自分を変えようという気持ちも出てこない。

・子どものすべてを否定するような悲観的なパターンで叱らないこと――子どもが変えることができる特定の原因について叱るのであれば、子どもは楽観志向を学ぶようになる

つまり、子どもが間違っていることに気づいたら、できるだけ具体的で一時的な原因を叱るようにして、本人の人格や能力は非難しないことが重要だと指摘しています。

例を挙げれば、「あんたは本当にいやな子なんだから」ではなく、「今日のあなたの行動はよくなかったわね」（永続的―一時的）、「あなたは悪い子ね」ではなく、「あなたは妹をいじめすぎるわよ」（全面的―限定的）というように、子どもを全否定したり、子どもの性格や存在そのものを批判するのではなく、具体的に何がいけないかを伝えて叱るということです。

またセリグマン博士は「子どもに教える前に、まず親自身が楽観志向を身につけ、子どものモデルになること」の重要性を強調しています。だからこそ、『つよい子を育てるこころのワクチン』は二部構成になっていて、第一部で親が楽観志向を身につけるトレーニングを自分で行い、そのうえで、第二部で、子どもが楽観志向を身につけられるよう、手助けや働きかけを学び、実行していくようになっています。

親が子どものモデルになるという点について、セリグマン博士はこのように注意をしています。

子どもは、親が自分自身の不運をどのように解釈するかを聞いて、そのパターンをまねます。もしあなたが悲観的なら、あなたの子どもは直接あなたから悲観的考え方を学んでいることになります。ですから、子どもを叱るときや、子どもの前で自分自身を非難するときには、子どもへの影響に十分

に気をつけなくてはなりません。(中略)

親が感情的になると、子どものアンテナはぴんとそばだちます。子どもは、あなたの感情の出し方(微妙なものであろうと目立つものであろうと)を見て、あなたが反応しているものを真剣に受け取るべきかどうかを判断しているのです。

たとえば、気が動転しているとき、自分のこころを乱すできごとを、だれかれかまわずそばにいる人に訴えていることがありませんか。

「考えなしのひどいヤツが急に行く手をさえぎったから、車をぶつけてしまったじゃないか」「いまいましい不況のせいで仕事が見つからない」――そこには、あなた自身のものごとに対する考え方の悲観的パターンが明らかに出ています。そして、子どもは熱心にそれに耳を傾けているのです。子どもは、説明の内容そのものだけではなく、その説明のしかたも取り入れ、自分のものにしていきます。

もし親のあなたが悲観志向であれば、あなた自身を変えることが先決です。


セリグマン博士は、「子どもの楽観志向・悲観志向への影響という点では、親だけではなく、教師も大きな影響力をもっている」「教師は子どもを叱るとき、子どもの世界観に影響をあたえており、子どもはすぐに、尊敬している先生が自分を叱るときのパターンを使って、自分自身を批判し始める」とも述べています。

そして、叱る人の偏見を反映した叱り方への注意として、「男の子か、女の子か」という偏見に関わる次のような研究を紹介しています。教師だけではなく、親としても、こうした無意識の偏見による叱り方などには気をつける必要があるでしょう。

小学三年生の教室を観察して、教師がどのように生徒を注意するか調べた研究があります。その結果、男の子と女の子では、注意のしかたが大きく異なることがわかりました。

女の子がうまくいかないと、教師はその子の能力がないと批判する傾向があります。そして、批判された子どもは、その批判を自分のなかにとり込んでいくのです。うまくいかないのは能力がないせいだというのは、永続的な原因なのできわめて悲観的です。小学校の女の子たちは「能力がないから」と、これでもかこれでもかといわれるのです。

それに対して、男の子の成績がふるわなかったときには、教師たちは、努力が足りないから、騒々しいから、注意を払っていなかったから、と注意しました（もちろん、この注意にはあたっている部分もあります）。このような批判はそれほど害がありません。努力、注意、行動というのは、一時的なもので、変えることができるからです。

この性別による差は、微妙ですがとても重要です。このように教師は、意識していても無意識でも、その叱り方や批判のしかたなどを通じて、子どもの世界観や楽観志向―悲観志向に影響をあたえているのです。

◉失敗すること、我慢することの大切さ

第3章で紹介したカナダの8歳までの子どもたちのレジリエンスを高める働きかけを保育士や親向けに教えているRIROが、子どもたちがレジリエンス・スキルを身につけることでめざす姿のひとつとして、「失敗しても大丈夫と考える、我慢する」を挙げています。日本の研究者らによる『子どもの「こころの力」を育てる―レジリエンス―』でも、「欲求不満耐性・我慢する力」を大事な「こころの力」のひとつに位置づけています。

うまくいかない状況に陥ったり、自分の思い通りにいかなかったりしたとき、すぐにあきらめたり、キレてしまうのではなく、じっとこらえることができる〝我慢力〟は、しなやかで強い子に育っていく上でも、幸せな人生を送る上でも、とても大事な力です。

現代社会では、子どもの人数が減ったせいもあるのでしょうか、親が何かと手を掛けて、先回りして子どもの欲求を満たそうとし、失敗などうまくいかない事態そのものを避けさせようとしがちですが、「失敗すること」も子どものレジリエンスをはぐくむ上では大事な機会です。そういう機会がなければ、しなやかな強さを鍛えることはできないでしょう。セリグマン博士は「親が先回りする過ち」として、このように書いています。

うつの流行を助長しているのが、「子どもの不快な気分はできるだけすぐに消してしまおう」という親の過保護傾向です。怒りや悲しみや不安といった不快な感情は、すぐに取りさるべきだと考えられ

るようになったことです。親としては本能的に、うれしくない感情からわが子を守ろうとします。いい気分を重視する社会では、これは当然のことでしょう。しかし、不愉快な気分は忌むべきものなのでしょうか。

時間がたつのも忘れて没頭するような満たされた瞬間は、課題に対して自分のもてる力を最大限に活かしているときに、やってくるものです。成功につぐ成功で一度も失敗しない状態では、そのような高いレベルの満足感は訪れません。それなのに、フラストレーションを感じさせないように、先回りして不安をへらしたり、課題を避けたりすることは、子どもの人生からこの至福の瞬間を取り上げることになってしまいます。

不愉快な思いを感じることなく、無力感を克服することはできません。どのようなものであっても、子どもが取り組む課題は、いくつかのステップの連続からできていて、どこかのステップでつまずく可能性があります。あるステップでうまくいかなければ、もう一度やってみる。うまくいけば、次のステップへ進む。そうして、小さな失敗をしてもやりつづければ、子どもはその課題をやりとげるでしょう。しかし、どこかでつまずいたときに努力するのをやめてしまったら、その課題全体に失敗することになります。(中略)

小さな失敗をしても大きな失敗をしても、不安と悲しみと怒りの入りまじった不愉快な感情を感じるものです。この感情は、適度な強さであれば、人を駆り立てる力になるのですが、それでも気がめいるものです。あなたの子どもは、そんな気持ちになったときに、どうするでしょうか? 行動し、状況を変えることによってぬけ出そうとするでしょうか? それとも、あきらめてしまい、その状況からにげてしまうでしょうか？　前者が「できるようになること」で、後者が「学習性無力感」です。

子どもが「できるようになる」ためには、失敗し、不愉快に感じ、成功するまで繰り返しやりつづける必要があります。課題をやりとげるための小さなステップでの失敗やつまずきは無数にあります。まれに、人並はずれた才能やまったくの幸運のおかげで、このような失敗をほとんどせずに成功する場合もありますが、多くの場合は、辛抱強くつづけてはじめてやりとげられるのです。

子どもは失敗すべきなのです。悲しみや不安、怒りを感じなくてはなりません。私たち大人が子どもを失敗から守ろうとすると、子どもは困難に立ち向かう力を身につけられなくなってしまいます。


このように考えると、〝失敗力〟〝我慢力〟は、実は大人にこそ必要なのかもしれません。子どもが失敗することを見守っていられるか、子どもによい顔をされなくても時には我慢することを強いているか——さっと手助けをしてしまうほうが楽かもしれませんが、その親の「楽をしたい気持ち」が子どものレジリエンスをはぐくむ機会を奪っているかもしれないのです。

また、近年、「少しのことですぐにあきらめたり、キレたりする」「我慢ができなくなった」という傾向は、子どもだけではなく、大人にも見られるとよく言われます。親自身が失敗してもいろいろなチャレンジをしてみることが、子どもにもよいお手本になります。そして、失敗したときの「失敗の説明の仕方」（永続的―一時的、全面的―限定的、自分化する―自分化しない）に気をつけてください。

ＩＴ技術の進歩でいつでも連絡できる、いつでも何でも手に入る便利な世の中になりましたが、そのために「待つ力」「我慢する力」が弱まってしまわないよう、時には意識して我慢をすることも大事でしょう。東洋思想では昔から「克己」「慎独」を重視してきました。これらはレジリエンスを高めるトレーニングでもあると思います。

最後に、オーストラリアの「バウンス・バック！」プログラムを主宰するノーブルさんたちがまとめている、レジリエンスを高めるための子ども向けと親向けのメッセージを紹介しましょう。

レジリエンスを高めるために子どもに伝えたいメッセージ

☆人生はだいたいはうまくいくものだけど、ときどき、だれにでも難しい状況や幸せではない時があるものよ。それはふつうの人生の一部なのよ。

☆物事はだいたいはよくなっていくもの。もっとも、時には思っているよりも改善に時間がかかることもあるけれど。希望を持ち続け、問題に取り組みましょう。

☆心配事やあなたを落ち着かない気持ちにさせていることについて、信頼している誰かに話を聞いてもらうと、少し気持ちも落ち着き、「こうしたらよいかも」というアイディアもいろいろ出てきますよ。

☆完ぺきな人はいないの。だれもが失敗するし、だれにだってうまくできないことがあるのよ。

☆難しい状況でも、何か前向きになれることや笑えることを見つけられたら（それがどんなにちっちゃなことでも）、その状況に上手に対処できるようになるでしょう。

☆難しい状況や幸せではない状況になったのは、自分が何をしたせいか、また自分は何はしていないか、公平に責任をとりましょうね。自分を責めすぎないこと。状況や不運や他の人がしたことのせいでもあるかもしれないからね。

☆もし状況が変えられないなら、受け入れて我慢するしかないわね。状況がどんなにひどいか誇張したり、最悪の事態が起こるだろうと考えて、みじめな気持ちにならないこと。

☆何かがうまくいかなくても、ふつうはあなたの人生や生活のある部分にしか影響を及ぼさないのよ。しばらくは、今でもうまくいっていることにより注意を集中しましょう。

☆だれでもときには恐くなるものよ。でも、いつも同じものが恐いわけじゃないの。自分の恐怖心に向き合うことで、強くなれるのよ。

☆自分の感情に〝乗っ取られて〟自分でコントロールできなくならないようにね。自分の感情に対処する最善のやり方を考えられるよう、自分を落ち着かせる方法を見つけてね。

☆やってみれば、落ち込んだ気分をよい気分に変えることができるのよ。たとえば、こんなことをしてみたらどうかな。

―その問題をもっと助けになるやり方で考えてみる
―早足で散歩をしたり、ほかの運動をしてみる
―誰かのために何かをする
―写真を見て、楽しかった記憶を思い出してみる
―笑えるテレビ番組やＤＶＤを見たり、面白い本などを読んでみる

ノーブルさんたちの親向けのアドバイスです。

子どものレジリエンスをはぐくむためにあなたができること

☆子どもたちがそれぞれの年齢で出会うよくある課題から子どもを守ろうと過保護にならないこと。子どもが自分でできるかどうか確認せずに、子どものためにやってあげないこと。

☆子どもに、どんな問題にぶつかっているのか話してもらい、解決策を見つける手助けをすること。子どもがどのように感じているのか、その問題について何を考えているのかに耳を傾けること。あなたが理解していることを伝え、さまざまな解決策のよい点とよくない点について考える手助けをしましょう。

☆「ぼくにはこれはできない」「私はどうしようもない」など、自滅的な言い方や助けにならない言い方をしたら、優しく「そうかしら?」と異議を唱えましょう。

☆子どもの戦うべきことのすべてを「子どものため」と代わりにやってあげないこと。子どもが立ち直り方を学ぶためには、自分で難しい状況を経験し、その状況に対処する経験が必要なのです。

☆口に出して言うことで、子どもの年齢にふさわしい効果的な問題解決のお手本を示しましょう。あなたの〝問題〟に対して、いろいろな解決策を考えてみて、それぞれにどのようなよい結果やよくない結果がありそうか、考えてみましょう。

☆子どもがうれしくない状況やつらい状況に冷静さを失っているときは、「これは、あなたがそうだと思っているほど、本当に問題なのかな? ちっちゃなことで大騒ぎしているのかな? 1点から10点の間でいえば、本当にはどのくらい悪い状況なの?」と尋ねて、釣り合いのとれた見方ができるよう、手助けをしましょう。

☆あなたが前向きの理由付けをしたり、他人が差し出してくれた支援に感謝を示したり、「しばらくしたらうまくいくわ」と言ったり、よい結果は可能だと期待したりしているようすを、子どもに見聞きさせましょう。

日本の子どもたちや青少年を考えたときに、気になる調査結果があります。財団法人「日本青少年研究所」が日米中韓の高校生計約８０００人に実施した調査[3]で、「自分はダメな人間だと思うことがある」との質問に「よくあてはまる」「まああてはまる」と答えた割合は日本では83・7％で、米国（52・8％）、中国（39・2％）、韓国（31・9％）を大きく上回っているのです。

また、「自分は他の人々に劣らず価値のある人間だ」に「あてはまる」「まああてはまる」とした割合は、日本が39・7％で群を抜いて低い（米国は79・6％、中国と韓国は86・8％）という結果でした。

自己肯定感の低い高校生が多いことは、レジリエンスという観点からも気になる結果です。高校生になって急に自己肯定感が低下したわけではなく、それまでの育てられ方や教育の結果なのだろうと考えられます。

前章や本章で紹介したように、内外には子どものレジリエンスを高めるアプローチや教育プログラムがたくさんあります。日本の国としても、また個々の学校や家庭でも、こういったプログラムやアプローチを採り入れて、子どもや生徒のレジリエンスを高め、しなやかに強い人間に育てていくことは大事なことではないでしょうか。

第5章

温暖化にも折れない暮らしをつくる

◉頻発する異常気象と温暖化

近年、「異常気象」が各地で頻発しています。「異常気象」とは「30年に一度ぐらいしか起こらない異常な気象」というのが気象庁の定義ですが、最近では特に気温や降雨に関して、「毎年、異常気象」のような状態です。さまざまな被害の報道に胸を痛めている人も多いことでしょう。

毎年のように「世界の平均気温が観測史上最高に」という報道が流れ、日本でも、夏の日中の最高気温の記録が塗り替えられたというニュースが珍しくありません。毎年ではないにしても、1年から数年おきに、「記録的な猛暑」がやってくるようになりました。

日本で夏に熱中症で亡くなる人の数は、2006年まではだいたい200〜400人程度だったのが、2007年には900人に跳ね上がり、記録的な猛暑だった2010年には1700人を超える死者が出ています。2013年にも1077人が熱中症で亡くなるなど、増加傾向が著しくなっています。一方、冬もあちこちで、記録的な大雪が降り、最深積雪記録が塗り替えられています。

各地で「過去に経験したことがない」大雨が増え、土石流や地滑りが発生して、多くの人命が奪われることが増えています。強い竜巻が発生し、被害が出ることもあります。米国などでの竜巻の報道はメディアで見たことはありましたが、日本で竜巻が発生するなんて考えられないと思った人も多いでしょう。

異常気象が頻発しているのは日本だけではありません。ロシアでも北米でも、オーストラリアでも中国でも、異常気象が相次ぎ、最高気温の更新が報告されています。

タイで洪水が起こり、日本企業を含む多くの工場が冠水して大きなニュースになったり、アメリカで巨大ハリケーン・サンディがニューヨークを襲い、5兆円を超える被害を出したほか、記録的な大雨による被害は、欧州など他の地域でも起きています。その後も、「スーパー台風」が6000人を超える犠牲者を出したり、記録的な大雨で数百人が死亡したり、巨大竜巻が大きな被害を出すなど、世界各地から異常気象と痛ましい被害のニュースが次々と届きます。

極端な異常気象ではなくとも、多くの人が「何かおかしい」と思うようになっています。日本の本州では桜の4月1日開花ラインが40年ほどの間に約100km北上しているそうです。私が子どもの頃には桜は入学式を華やかに盛り上げてくれたものですが、今では卒業式までもたないこともあります。

こうした気温上昇による影響は、日本でもすでに多くの農水産物に現れ始めています。コメのほか、ミカンなどの果樹の気温上昇による品質劣化の報告が各地から出てきています。水温の上昇のため、不漁が続いている漁業地域もありますし、南方系の魚類が北上し、海藻に食害が出ている海域もあります。

こういった個々の異常気象が「温暖化のせい」と断定することは科学的にはできません。しかし、温暖化の科学では「温暖化が進行すれば、高温化、暑い日の増加、多雨と干ばつ、台風やハリケーンの強大化、高潮などが増える」と予測しており、その予測のとおりになってきているのは間違いないでしょう。

オバマ米国大統領はハリケーン・サンディについて、「ニューヨークの海水面が100年前より1フィート（約30センチ）上昇していることが確実に被害に拍車をかけた」と述べています。このように、「温暖化の進行がもたらすさまざまな影響が増幅して被害を大きくする」という構図が顕在化しつつあります。

一方で、世界の二酸化炭素（CO_2）の濃度は過去最高値を更新しつづけています。このままではどうなってしまうのでしょうか？

◉今日CO_2排出をゼロにしたとしても……

IPCC（気候変動に関する政府間パネル）の第5次評価報告書[1]では、「気候システムの温暖化には疑う余地がない。1950年代以降、観測された変化の多くは数十年〜数千年間で前例のないもの。大気と海洋は温暖化し、雪氷の量は減少し、海面水位は上昇し、温室効果ガス濃度は上昇している」と述べ、「今世紀末における世界平均地上気温の変化は、産業革命前と比べて最大4・8℃、世界平均海面水位の上昇は最大0・82m。ほとんどの陸上で極端な高温の頻度が増加することはほぼ確実」との将来予測を示しました。

そのうえで、「温室効果ガスの継続的な排出は、更なる温暖化と気候システム全ての要素の変化をもたらす。気候変動を抑制するには、温室効果ガス排出量の大幅かつ持続的な削減が必要」と述べると同時に、「二酸化炭素の累積排出量が温暖化の大部分を決定づけるため、気候変動の大部分は、たとえ二酸化炭素の排出が停止したとしても、何世紀にもわたって持続する」としています。

この文章の前半は「CO_2などの温室効果ガスの排出を大きく減らさなくてはならない」という、これまでもよく言われていることを改めて強調したものですが、本書にとって大変重要なのは、後半です。「CO_2の排出が止まっても、これまでにすでに大気中に出てしまったCO_2のために、温暖化の大部分は何世紀にもわたって続く」のです。

私たちは温暖化の進行を何とか食い止め、未来世代を温暖化の被害で苦しめずにすむように、一刻も早くCO_2などの温室効果ガスの排出を大きく減らしていく必要があります（温室効果ガスを減らすことを「緩和策」と呼びます）。一方、大きく減らしたとしても進行してしまう温暖化とその影響に対する備えをしなくてはならないのです（「適応策」と呼びます）。

適応策とは、たとえば、農業で作付け時期や品種を調整する、海面上昇のリスクのある地域では居住地を移転する、洪水の頻発の恐れがある地域では堤防や土手を築くなどの対応で、温暖化がもたらす影響に備えようというものです。

◉温暖化への適応策とレジリエンス

これまでの温暖化対策は、緩和策が中心でした。CO_2などの温室効果ガスの排出を大きく減らさなければ温暖化は進行してしまいますから、当然といえば当然です。また、特に温暖化対策の初期の頃は、「適応策を考えるということは、温暖化を認めることになってしまう」から、適応策には目を向けるべきではないと考える人も多くいました。

現在でも、限られた資金や技術開発の努力などを適応策に向けると、本来取り組むべき緩和策が手薄になってしまうのではないか、「適応策で守られるなら、何も苦労して緩和策をやらなくてもいいじゃないか」という人たちが増えるのではないか、などの懸念が出されていますが、IPCCの報告書に「適応策と緩和策は補完し合うことでリスクが大きく低減できる」と記されているように、「緩和策か、適応策か」ではなく、「緩和策はもちろんだが、適応策も」という位置づけになってきたのです。

また、適応策が叫ばれはじめた当初は、「適応策は途上国に必要だ」という認識が一般的でした。温暖化が進行した場合、まっさきにその影響を受けるのは途上国であることが多く、途上国にはその悪影響を防ぐための資金や技術が十分にないことが多いためです。そのため、温暖化を巡る国際交渉でも、「先進国が資金や技術を拠出して、途上国の適応策を進める」ことが交渉の大きな柱のひとつでした。

しかし、近年では、「適応策は途上国のみならず、先進国にも必要」という認識に変わってきています。それは、ハリケーン・サンディをはじめ、本章の冒頭に挙げたようなさまざまな異常気象が先進国にも被害を与えるようになってきたためです。

そして、もうおわかりと思いますが、温暖化に対する適応策をとるとは、温暖化に対するレジリエンスを高めるということです。温暖化が進行してさまざまな影響が出たとしても、できるだけその被害を小さくし、打撃から立ち直る力をはぐくんでおくことが重要なのです。

2012年11月2日付のニューヨークタイムズ紙のオピニオンページに、「ハリケーン・サンディで最大の被害を受けたロウアー・マンハッタン地区は9・11後、サステナビリティを重視し、高い環境性能を誇る再開発が行われた地区だが、レジリエンスは考慮されていなかった。この地区にはグリーン建築のＬＥＥＤ認証を受けた建物が最も集積しており、環境負荷を低減する設計になっていたものの、環境の影響に対応する設計にはなっていなかったのだ」と「レジリエンス思考」の重要性を訴える記事が掲載され、注目を集めました。

温暖化に対する適応やレジリエンス強化について、後述するように、日本ではやっとこれから、という状況です。世界ではどのような取り組みが進められているのでしょうか？　国際的な取り組み、先進的な国や自治体の取り組みのいくつかを紹介しましょう。

●温暖化に対するレジリエンス向上の取り組み～国際レベル

◎UNEP（United Nations Environment Programme：国連環境計画）

ＵＮＥＰでは、主に途上国に対して、温暖化の影響に対する脆弱性を低減し、レジリエンスを構築するためのさまざまな支援を提供しています。ウェブサイトにも、「科学とアセスメント」「知識と政策」「生態系を基盤とした適応」「経済と金融」「適応資金へのアクセス」といったテーマの下、さまざまな資料などが掲載されています。(2)

また、特に適応に関する知識を広げるために、グローバルレベル、地域レベル、国レベルでの知識や先進事例を活用するための「グローバル適応ネットワーク」を立ち上げ、情報共有を進めています。アジアには「アジア太平洋適応ネットワーク」があります。

◎EUにおける気候変動への適応戦略

EUは2013年4月、「気候変動適応の総合的政策」の一つとして、「EUにおける気候変動への適応戦略[3]」を発表しました。副題は「Strengthening Europe's resilience to the impacts of climate change」（気候変動の影響に対するヨーロッパのレジリエンスを強化する）。EU加盟国間の調整や情報共有を促進し、関連するあらゆるEU政策において「適応」を考慮に入れることで、加盟国の活動を支援することを目的としています。

これまでは、国連などの国際機関が途上国を主な対象として適応の取り組みを進めてきましたが、今では、EUが先進国であるEU加盟国のための適応戦略をつくり、行動を促す時代なのです。その具体的な内容はこのようになっています。

EU気候変動適応戦略

1　はじめに：気候変動に対処する

気候変動の影響は、ヨーロッパでも世界中でも次第に感じられるようになってきている。地球の現在の平均気温は、産業革命前に比べて約0・8℃高いが、今後も上昇する。降雨パターンが変化し、氷河が溶け、海抜が上昇するなど、変わりつつある自然のプロセスもある。

気候変動の最も深刻なリスクと、とりわけ大規模で不可逆的な影響を避けるためには、温暖化は産業革命前に比べて2℃以内に押さえなくてはならない。したがって、気候変動の緩和策はグローバル社会にとっての優先課題であり続ける。
温暖化のシナリオや緩和の取り組みの成功度合いにかかわらず、気候変動の影響は、今後数十年の間、増大していく。なぜなら、過去および現在の温室効果ガス排出の影響が遅れて出てくるためである。つまり、不可避的な気候変動の影響とその経済・環境・社会的コストに対応するために、適応策を取る以外ない。一貫性と柔軟性のある参加型のアプローチを採ることで、適応をしない場合のコストよりも、初期のうち計画を立てて適応行動をおこなうコストのほうが少なくてすむ。
気候変動の影響は地域で具体的なものとなり、大きな幅があることから、適応策は、地方、地域、国のあらゆるレベルでとらねばならない。したがって、以下のEU戦略を通して、知識と行動のギャップを埋め、取り組みを進めることはEUの役割の一つである。

つづいて、「2　EUにおける気候変動の現在の影響及び影響の予測」として、EUでの気候変動の現在の影響や今後の見通しを述べた後、このように述べられています。

行動をとらないもしくは遅らせることは、EUの団結に圧力を掛ける可能性があり、気候変動の影響は、EUの社会的格差を広げるとも考えられる。最もリスクにさらされ、すでに不利な立場にある社会グループや地域（健康状態が悪い、低所得、不十分な住居、移動手段の欠如など）に特別な注意を払う必要がある。

また、気候変動に適応しなかったときのコストも示しています。

気候変動に適応しなかったときの最小コストは、EU全体で、2020年の1兆ユーロから、2050年の2兆5000億ユーロまでの幅で推計されている。1980年〜2011年、洪水によるEUの直接的な経済損失は9000億ユーロを超えている。この額は今後増大すると考えられており、河川の洪水による被害の年間コストは、2020年代の200億ユーロから2050年代の460億ユーロと見積もられている。

気候変動の社会へのコストも、大きなものになる可能性がある。EUで起こった洪水は、1980年〜2011年に2500人以上の死者を出し、550万人以上の人に影響を与えた。さらなる適応策をとらなければ、さらに熱による死者が2020年代までに年2万6000人、2050年代までには年8万9000人に増えると考えられている。

EUにおける適応コストの包括的な概観はないものの、追加で洪水対策を行うコストは、2020年代までに年17億ユーロ、2050年代までには年34億ユーロと推定されている。施策によっては極めて効果的なものもあり、洪水に対する保護に1ユーロ費やすたびに、6ユーロの被害コストを回避できる。

つづく「3　対応：EUのための適応戦略」には、2009年に「気候変動への適応：行動のための欧州の枠組みへ向けて」という白書が出されてから、数多くの施策が実施されてきていること、鍵を握る成果物は、2012年3月に立ち上げられた「ヨーロッパ気候適応プラットフォーム」というウェブサイトで、EUにおける適応行動の最新データを取り入れ、役に立つ政策支援ツールを掲載していること、また、EUはその政策や資金プログラムの一部に「適応」を統合し始めていることなどが書かれています。

「4　戦略の目的」には具体的な取り組みが書かれています。

4.1　加盟国の取り組みを促進する
4.2　より情報を得た上での意思決定
4.3　気候変動に負けないEUにするための行動：主な脆弱性の高い業界の適応を促進する

このように、温暖化に対して、EUにおいて適応策を進めることの重要性と位置づけを明確にし、しっかりした枠組みとプロセスをつくって、加盟国と連携して備えを築いていこうという姿勢がわかります。

●温暖化に対するレジリエンス向上の取り組み～国レベル

◎英国の取り組み

各国政府の中でも、温暖化に対する〝適応先進国〟の一つが英国です。英国政府の取り組みの基盤となるのが、2008年に施行された世界初の「気候変動法」です。2050年までに温室効果ガスを1990年比80％削減、2020年までに最低26％削減するという目標を法的に定めたものですが、適応に関しても、政府に対して「少なくとも5年に1度、気候変動による影響の現状と予測や適応策について報告する」という義務を課しています。

英国政府のウェブサイトには、「温暖化への適応」という政策ページ(4)が設けられており、その冒頭に、次のように適応が説明されています。

適応とは、私たちのもののやり方を変え、気候変動の潜在的な影響に対する備えをすることです。洪水といったマイナスの影響に対し、より良い保護ができるようになります。また、これまでとは異なる作物を栽培するなど、新しいチャンスに対する準備もできるようになります。適応を早く計画すればするほど、コストは少なく、潜在的な変化により良く対応できるようになります。

具体的な英国政府の取り組みは、大きく三つに分けられます。①リスクを理解する、②適応の計画を策定する、③重要なサービスやインフラの適応策を進める、のそれぞれについて紹介しましょう。

①リスクを理解する：英国気候変動リスク評価

気候変動が英国にもたらすリスクを具体的に理解するために、「英国気候変動リスク評価」によって、「農業・林業」「ビジネス」「健康・幸福（地域のレジリエンスと社会的脆弱性を含む）」「建築物・

インフラ」「自然環境」の五つの対象分野について、気候変動の潜在的で広範な影響を詳細に分析しています。この評価は気候変動法で実施が規定されており、5年ごとに行われることになっています。

また、温暖化のリスクは社会に均等に及ぶわけではないため、特に温暖化リスクに脆弱なグループを把握し、特別な手立てができるよう、「社会的脆弱性」を次のような質問によるチェックリストで把握しようとしていることも特徴的です。

〈社会的脆弱性のチェックリスト〉(5)

1. 影響を受けるのはどの地域か
2. その影響は地域に均等に広がるか
3. (身体的または精神的に)健康ではない人々はどのような影響を受けるか
4. 財政的に厳しい人々はどのような影響を受けるか
5. 劣悪な住宅や職場で生活している人々はどのような影響を受けるか
6. 公共交通や私有の移動手段へのアクセスが限られている人々はどのような影響を受けるか
7. リスクに対する意識が低い人々はどのような影響を受けるか
8. 社会的なネットワークを持っていない人々はどのような影響を受けるか
9. 健康管理などのシステムや支援サービスへのアクセスがほとんどない人々はどのような影響を受

けるか

10．他の社会的脆弱性の問題で重要なものがあるか

②適応の計画を策定する：国家適応計画

英国では２０１３年7月に、「国家適応計画」が策定されました[6]。副題は「Making the country resilient to a changing climate」（気候変動に対する国のレジリエンスを高める）となっており、気候変動へよりよく備えるための政府や企業、社会の取り組みを示すものです。その進捗状況は5年ごとに見直すことになっています。この国家適応計画は、温暖化へのレジリエンスを考える上でとても参考になるので、あとでその内容を少し詳しく見てみましょう。

③重要なサービスやインフラの適応策を進める：適応報告義務

エネルギー供給や鉄道などの重要なサービスやインフラは特に、潜在的な変化に対応できるようにしておく必要があります。気候変動法では、政府がそういった重要なサービスやインフラを担当している組織に対し、現在および将来予測される気候変動の影響と気候変動への適応計画の報告を求めることができるようになっています。リスクマネジメントプロセスの一環として、気候変動への対応を計画していることを知っておく必要があるためです。また、インフラに関わる企業が気候変動にどのように適応したらよいかの指針も出されています。

◎英国の国家適応計画

国家適応計画は、英国気候変動リスク評価への対応としてつくられました。この計画をつくるに当たっては、企業、地域、地方議会、コミュニティグループなどと協力しています。国家適応計画に盛り込まれている行動は、大きく次のようなカテゴリーに分けることができます。

・気候変動の適応が必要だという意識啓発
・現在の気候の極端現象に対するレジリエンスの増強
・長いリードタイムを要する施策に対し、タイムリーに行動を取っていくこと
・まだ欠けているデータや証拠に取り組むこと

これに基づき、多数の組織とワークショップを開催しています。また、運輸省や保健省など、政府のさまざまな省庁が気候変動に対する備えをするための政策も盛り込まれているため、たとえば保健省では、気候変動の健康に対する影響、熱波に対応する計画、寒い天候に対する計画、洪水など、温暖化のさまざまなリスクに対して保健省としてどのようなことを行うかを立案し、実施しています。

国家適応計画の構成は、「建造環境」「インフラ」「健康でレジリエンスのある地域社会」「農業と林業」「自然環境」「ビジネス」「地方政府」となっています。

たとえば、「建造環境」の章では、まずビジョンとして、「建物や場所、そこに暮らし働く人々が、

気候変動や極端な天候に対するレジリエンスを有しており、建造環境に関わる組織は、気候変動のリスクに備え、そのチャンスを活用する能力を増している」とあります。そして、建造環境に対する温暖化によるさまざまなリスクが挙げられ、そのそれぞれに対して、政府はどのように対応しようとしているか、何を考え、進めていく必要があるか、優先順位の高いリスクに対応するための行動は何か、などがまとめられています。

「健康でレジリエンスのある地域社会」という章では、ビジョンとして「健康サービス、公共衛生および社会ケアシステムがレジリエンスを有し、気候変動に対する適応力を持っていること」「最も脆弱な人々を含むコミュニティや個人が、気候変動の深刻な天候などの影響に、より対処できるようになっていること」「非常時サービスや地域のレジリエンス能力が、気候変動へのレジリエンスを高めていること」が掲げられています。そして、「健康でレジリエンスのある地域社会」に関して、リスク評価で見いだされたリスクが挙げられ、それに対してどのような対策が必要か、何をどのようにしていく必要があるかが述べられています。

具体的に気候変動に対する地域社会のレジリエンスを増強することをめざして、英国には「ローカル・レジリエンス・フォーラム」が設置されています。環境・食糧・農村地域省は、いくつものローカル・レジリエンス・フォーラムに対し、気候変動の潜在的な影響に対する地域のレジリエンスを構築・強化するためのプロジェクト資金を提供しています。

たとえば、

・地域のレジリエンスと気候変動の影響に対する意識啓発のための子ども向けの本のシリーズ・・

オンラインで読むことができ、地域の学校・図書館のすべてに配付されています。

・地域社会のレジリエンスの専用ウェブポータルの新設：気候変動の影響に対し、コミュニティが備えをするための共通のフレームワーク

・気候変動に対する適応と地域社会のレジリエンスの計画を地方が進めるための新しいモデル

などのプロジェクトが選ばれています。

英国政府や産業界は「適応ビジネスは今後、世界中で成長する分野である」として、自らのレジリエンスを高める一方、適応ビジネスを英国の「輸出産業」に育てるという意思も明確に打ち出しています。

◎他国の取り組み

英国政府の取り組みを紹介してきましたが、ほかにもフランス、ドイツ、米国、オランダ、オーストラリア、デンマーク、カナダなどで、温暖化に対する脆弱性の評価や適応戦略の立案・実施が進められています。

米国では、2013年6月にオバマ大統領が「大統領気候行動計画」[7]を発表しました。内容は「米国内のCO_2を削減する」「米国内の温暖化の影響に対して備える」「国際的な取り組みを先導する」というもので、適応策もしっかり位置づけられていることがわかります。具体的には、「より強靱で安全な地域社会とインフラを構築する」「米国の経済と自然資源を守る」「気候変動の影響を管理するために健全な科学を用いる」という三つのイニシアティブについて各省で適応計画を立て、取り

組みを進めています。

◉温暖化に対するレジリエンス向上の取り組み～自治体レベル

温暖化の影響を最も感じることになるのは、地域社会です。世界では「温暖化の影響にどのように備えるか」を真剣に考え、取り組みを始めている自治体が増えています。

米国ニューヨーク市は、2013年6月11日に「より強くレジリエントなニューヨーク」と題する報告書を発表しました。[8]これはハリケーン・サンディのような気候災害から地域とインフラを守ることを目的とする430ページからなる報告書で、「建物」「保険」「地域社会の再建・レジリエンス計画」などの分野について、250以上の提案が行われています。

「地域社会の再建・レジリエンス計画」の章では、ハリケーン・サンディの甚大な影響を受けたブルックリン―クイーンズの臨海部などの地域社会に対して、地域社会の災害への備え、経済復興、食料供給などについて、ハリケーン・サンディの被害や地域社会の状況を考慮した細かい提案が出されています。

この約250の提案を実施するためのコストは約200億ドルと見積もられ、うち150億ドルは調達できる見込みであり、残りの約50億ドルをカバーするための方法も報告書に記されています。

米国ではほかの州や都市でも、温暖化の影響に対する備えを立案・実施し始めています。たとえば、約4800キロメートルもの海岸線を持つメリーランド州では、「メリーランドを海面上昇リスクから守るために」というパンフレット[9]を作成するなどして、住民の意識啓発をはじめとする取り組みを進めています。

同州は2008年8月に「メリーランド気候変動行動計画」を策定しており、その中核的要素の一つとして、同年「海面上昇と沿岸部の嵐」を対象とする「メリーランド州の気候変動に対する脆弱性を軽減するための包括的戦略　フェーズ1」[10]を打ち出し、メリーランド州の住民、財産、自然資源、公的投資を、気候変動の影響から守るために必要な行動を提示しました。2011年には「社会、経済、生態系のレジリエンスを高める」と題した「戦略　フェーズ2」[11]を出し、取り組みを進めています。

このような自治体や地域の動きを受け、また促進するために、米国では2013年6月に、「アメリカのためのレジリエンスの高いコミュニティ」[12]キャンペーンが始まりました。これは米国の市長や市や郡の選出議員にレジリエンスのある地域社会づくりへの賛同を求める活動で、キャンペーン議長はサクラメント市長のケビン・ジョンソン氏が務めています。

「私たち、米国の市長そして郡の指導者は、よりレジリエンスのある都市、町、地方の構築を先導し、米国の極端な天候、エネルギー、経済といった課題を克服していきます」という宣言文書が作成されており、2014年10月27日時点で184人の市長や郡の指導者が署名しています。キャンペーンでは2015年までに1000人の署名を集めることを目指しています。このキャンペーンなどを通して、地域のレジリエンス構想の支援やその解決策の共有が進められています。

◉出遅れている日本の温暖化に対するレジリエンス向上の取り組み

これまで見てきたように、他国では「温暖化対策に取り組みつつも、不可避の温暖化の影響に備える」ための影響評価や適応計画づくりが進められているのに対し、日本では、「適応策も重要」という国からの強いメッセージの発信もほとんどなく、国は温暖化への適応を具体的にどのように進めていくつもりかもまだよくわかりません。

政府が「適応」についての国民への情報発信の最初の資料は、環境省が２０１２年に作成した「地球温暖化から日本を守る　適応への挑戦　２０１２」[13]という28ページのパンフレットでした。

「地球温暖化から日本を守る　適応への挑戦　２０１２」

第１章　地球の現状と予測される将来
第２章　日本の現状と予測される将来
第３章　進む、わが国の適応
第４章　国際的な取組
第５章　基礎的な科学的知見蓄積への取組
第６章　緩和と適応が融合した社会の実現

第２章の「日本の現状と予測される将来」では、次のような影響や取り組みが記載されています。

現在生じている影響

・農作物の被害が生じている
・海の生態の変化
・観光産業への影響
・渇水・洪水のリスクの拡大
・大雨が増加している

将来予測される影響

・コメの品質の影響
・ブナ林に適した地域が減少
・サンマへの影響
・豪雨の頻度が増加
・洪水リスクのさらなる増大
・渇水のリスクのさらなる増大
・台風の強度増加・進路変化
・高山植物の消失域の増加
・感染症媒介生物の分布変化

現在の取り組み

・防災（水害適応型社会の構築）
・沿岸大都市（大規模水害対策に関する検討、港湾における適応策の方向性と具体的な施策）
・水資源（緊急的な水資源の確保、再生水の活用）
・食料（農作物別の具体的な適応の取組：コメ、うんしゅうみかん、ぶどう、トマトなどの果菜類、畜産、水産）
・自然生態系（温暖化影響を受けやすい生態系の把握、野生鳥獣被害への対応、生態系ネットワークの構築、森林分野における適応策）
・国民生活・都市生活（ヒートアイランド対策、雨水利用）
・健康（熱中症予防に向けた情報提供・普及啓発）

このような情報提供のほか、熱中症については「環境省熱中症予防情報サイト」[14]を立ち上げ、暑さ指数の情報を提供して、予防のための情報提供をおこなっています。しかし、部分的な取り組みは進められているものの、日本が全体としてどのように適応について考え、具体的な対策を進めていくかはよくわからない状況が続いていました。

最近になって第20回国連気候変動枠組み条約締約国会議（COP20）で、各国の2020年以降の温暖化対策の目標に適応計画を盛り込むことが決まるなど、国際的な動向に後押しされ、日本政府もやっと、「温暖化適応計画」を法制化し、進めることになりました。

そういった適応策を立案する前提として、温暖化の影響の評価を議論する「気候変動影響評価等小委員会」が環境省の地球環境部会の下に設置されました。この小委員会の役割は、「気候変動による影響への対処（適応）の観点から政府全体の「適応計画」策定に向けて、既存の研究による気候変動予測や影響評価等について整理し、「気候変動が日本にあたえる影響及びリスクの評価について審議する」というもので、その影響及びリスク評価を受けて、各省で適応策の検討を開始し、国としての適応計画が策定されます。

日本でも早く具体的な取り組みを進めてほしいと願うと同時に、省庁縦割りの弊害を超えて、国としての包括的な方向性や確固たるスタンス、総合的な取り組みの枠組みを打ち出して進めていけるかを見守っていく必要があります。

◉先行する自治体の取り組み

国の適応策の全体立案を待っていられないと、さまざまな側面で独自の適応策に取り組み始めている自治体もあります。

たとえば、宇都宮市では、2011年から市が呼びかけて、夏の暑さが厳しい時期に「熱中症避難所協力店」を設け、水分補給をしたり、暑さで具合が悪くなったら休んだりすることができる場所を市内の数百カ所確保しています。

また、温暖化が進むと、大雨が降る頻度が増える可能性が高くなります。「平成20年8月末豪雨」の被害を受けた愛知県安城市では、今後も集中豪雨が発生する可能性をにらんで、「より雨に強いまちづくり」をめざしての取り組みを進めてきました。

２００８年9月から「安城市雨水マスタープラン策定委員会」を設置し、「安城市雨水マスタープラン」の策定に向けて、作業を進めました。特に、市民アンケートの結果、市民の防災意識が低いことがわかったとして、市民アンケートなども行いながら、パンフレット作成など、市民の意識啓発と行動を促しつつ、２０１１年3月に「安城市雨水マスタープラン計画書」[15]が公表されました。

温暖化が進行すると、水災害が増えると心配されています。国土交通省国土技術政策総合研究所が、気候変動モデルを用いて将来の降雨量変化や洪水リスクを予測したところ、２０７５〜99年ごろには1日あたりの最大降雨量が、現在の1・2〜1・3倍になるという結果が出ました。[16]

これ自体は、それほどの増加に思えないかもしれませんが、この降雨量の変化の予測をもとに、川の氾濫までの過程を分析したところ、洪水のピーク流量は1・5倍、河川の整備にかかる労力は約6倍になり、川が氾濫する確率は現在の4・4倍になると予測されています。

こうした水災害の可能性の増大に対処するため、先進的な取り組みをしている地域もあります。鳥取市では２０１０年から、学識者や地域住民、自治体などが参加する「気候変動にともなう防災・減災を考える会」[17]を開催してきました。設立の背景として、このように書かれています。

近年、全国的に大規模な水災害が頻繁に発生する中で、千代川流域においても、全国的な傾向と同様に、温暖化に伴う気候変動によると考えられる集中的な降雨、潮位の上昇傾向等が見られ、今後も流域に対する水災害リスクが上昇していくことが考えられています。

こういった背景を踏まえ、気候変動にともなう水災害リスクに対する適応策（ソフト的な取り組み）について、学識経験者、地元関係者、及び関係行政機関等で考えていくことを目的として本会を設立することにしました。
今後この会で、千代川沿川住民の水災害における自主防災意識（自助・共助）の向上を図り、官民一体となって「犠牲者ゼロ」に向けた取り組みを推進していきます。

計8回開催された「気候変動にともなう防災・減災を考える会」の成果として、2013年3月に「防災・減災に関するソフト対策を推進するための施策について」をとりまとめ、鳥取市長に提出しました。その冒頭では、次のように問題意識が述べられています。

近年、地球温暖化にともなう気候変動による影響として、水災害、土砂災害、高潮災害の頻発化、激甚化が懸念されている。しかし、かつて豪雨時に堤防の見回りをし、水害時の避難や水防活動の母体であった地域社会は大きく変わり、かつての浸水地域にできた新興住宅地であっても、その水害履歴を知らない新住民が多い。大人たちの水害への備えが不十分な中、子どもたちに水害体験は伝えられておらず、学校においても水害に対する防災・減災教育はあまり行われていない。

そして、防災・減災に向けて取り組むべき課題として、「防災意識の啓発」、「地域のコミュニティの強化」、「分かりやすい情報の提供」、「情報伝達手段の整備」、「避難方法の確立」を挙げ、201

0年度から2011年度にかけて、防災学習会の支援、防災学習ツールの作成、防災講演会の開催、被災地（兵庫県佐用町）との意見交換会、地域防災マップ作成マニュアルの作成・改良等を行っています。

2012年度にモデル地区を対象に再びアンケート調査を実施して、取り組みの効果を検証した結果、「防災学習会等の効果は確認できたものの、未だ備えが十分にできているとは言えないことが明らかとなった」としています。

「防災・減災に関するソフト対策を推進するための施策について」には、こういった活動を踏まえて、今後に向けての課題ととるべき具体的な施策がわかりやすくまとめられています。市長への提出後、市長からは「有効に活用したい」とのコメントがあり、鳥取市では2014年から防災リーダー育成のための勉強会や研修会を行っているそうです。

行政と住民とが連携しながら地域の温暖化へのレジリエンスを高めていく取り組みとして、注目したいと思います。他の地域にも大いに参考になることでしょう。

◎気候変動適応社会をめざす地域フォーラム

こうした自治体や地域の適応への取り組みを支援する動きもあります。環境省の環境研究総合推進費S‐8温暖化影響評価・適応政策に関する総合的研究プロジェクト（代表：三村信男茨城大学教授）の一環として、「気候変動適応社会をめざす地域フォーラム」（略称：地域適応フォーラム）が設立され、同研究プロジェクトにおける温暖化影響の将来予測結果等を活用して、地方自治体等における温暖化影響の把握及び適応策の計画的推進の普及を図っています。

法政大学地域研究センター（温暖化影響プロジェクト）が事務局となって、温暖化影響・適応策に関する研究、あるいは温暖化影響・適応策に関する計画立案や進行管理等について、専門的なノウハウの共有、既存研究や地域施策の事例共有、人材交流・研修等を行うシンポジウムやセミナーの開催などの活動を進めています。(18)

ウェブサイトには、「地域適応研究データベース」が設けられ、全国の環境、農林水産、工業、土木等のさまざまな分野における温暖化影響・適応策に関する研究情報を検索・閲覧することができます。現在、その多くが農業や漁業に関連する分野の情報であり、こういった分野での適応は待ったなしの状況であり、研究や取り組みも進んでいることがわかります。

地域適応フォーラムでは、自治体の適応策支援ツールとして「適応策ガイドライン」を作成しており、適応策の基本的な考え方に基づいて、次のような「適応策検討の進め方とまとめ方」を示しています。

1．適応策に関する知識と認識の共有
　1－1：適応策の必要性を共有する
　1－2：適応策の検討分野を設定する
　1－3：適応策の検討の場をつくり、検討手順・成果物を共有する
2．気候変動影響のリスクの把握・整理

2－1：現在及び短期的気候変動の影響を把握し、整理する
2－2：長期的な気候変動の影響を把握し、整理する
3．既往の適応策の点検と追加的に実施すべき施策の整理
3－1：既往の適応策の実施状況を点検する
3－2：追加的に実施すべき適応策を整理する
4．適応に関する施策の立案
4－1：適応策の実施方針と施策体系をまとめる
4－2：重点的に実施すべき適応プログラムをまとめる
4－3：適応策の実効性の担保や進行管理のための条例、組織、制度等をまとめる
5．利害関係者とのリスクコミュニケーション
5－1：行政庁外の利害関係者と専門知を共有する
5－2：市民参加により現場知を共有し、適応行動を検討する
6．適応策の計画策定と進行管理
6－1：行政庁内の計画を作成し、実行にうつす
6－2：行政庁内の計画の進行管理を行なう

自治体がそれぞれゼロから適応計画を策定していくのは大変だと思いますが、こうしてモデル事例で実施しながら改善をはかっているガイドラインがあることはとても助けになると思います。自

分の地域の自治体にも「温暖化に対する地域の適応計画はつくっていますか?」と聞いてみて、このガイドラインの情報などを伝えることで、考え始めてもらうことができるかもしれません。

◉国も自治体も一人ひとりも温暖化へのレジリエンスを高める必要がある

みずほ情報総研が2013年8月に実施した「地球温暖化影響に関するアンケート調査」の結果[19]を見ると、回答者の92%は「地球温暖化が起きているのは科学的な事実である」、94%は「人類が地球温暖化の影響を受けつつある」と考えており、73%は、地球温暖化の影響が「既に現れている」と答えています。

地球温暖化が「大きな影響を及ぼす」人々についても、「自分自身」18%、「あなたが住む都道府県の人々」20%、「日本の人々」26%、「海外の人々」34%、「将来世代」56%と、「遠い未来の話」ではなく、「自分たちの話」としての認識が広がっていることがわかります。

地球温暖化の影響として最も不安に感じるものを尋ねたところ、「ゲリラ豪雨」「海面上昇」「農作物への影響」が上位に挙がりました。

ところが、こういった影響への「備え」について尋ねたところ、「まったく考えていない」「どちらかといえば考えていない」とした人が61%でした。

温暖化は事実であり、影響はすでに現れつつあるという認識にもかかわらず、そういった影響への備えは考えていないという人が6割もいるという結果から、備えの必要性の認識と実際の行動の間に大きなギャップがあることがわかります。

国としての温暖化への適応の方向性と強いメッセージを早く打ち出し、実際に影響を受けることになる地域や自治体が地域にあった適応計画を策定し、実施していくこと、そして、私たち一人ひとりも温暖化への備えを考え、実行していくこと——日本は、温暖化に対するレジリエンスの強化を急いで進めていく必要があります。

Resilience

第6章
災害にも折れない暮らし・地域をつくる

◉災害へのレジリエンス

前章で、温室効果ガスの削減に最善を尽くしたとしても当面進行してしまう温暖化への「備え」としてのレジリエンスについて取り上げました。温暖化が進行すれば、豪雨、洪水、土砂崩れ、干ばつその他、さまざま災害が増えると予測されています（これらは「自然災害」と呼ばれてきましたが、人為的な二酸化炭素排出が引き起こすものであるならば、「人工的な自然災害」と呼んだ方がよいかもしれません！）。

言うまでもありませんが、私たちの暮らしや社会、時には生命に影響を及ぼす災害や脅威は、温暖化がもたらすものだけではありません。たとえば、日本は、世界でも有数の地震国です。

１９２３年の関東大震災以降、日本で１００人以上の死者が出た地震が何度くらい起こっていると思いますか？　東日本大震災までを含めて、15回です。9年に一度は発生している計算になります。そして、東日本大震災で痛ましくその破壊力を見せつけた津波も、いつ何時起きるかわからない災害の一つです。国土交通省が「日本の人口の73・7％が、洪水、土砂災害、地震、液状化、津波のいずれかで大きな被害を受ける危険のある地域に住んでいる」との推計(1)を発表しているほど、多くの人々が災害の被害を受ける可能性がある状況なのです。

また、自然災害以外にも、テロなど、私たちの社会が備えておくべき脅威（ハザード）があります。鳥インフルエンザなどの新型インフルエンザやＳＡＲＳ（重症急性呼吸器症候群）などの勃発的な感染症の広がりなどがその例です。

災害やハザードに対するレジリエンスとは、たとえ被災しても、個人や家庭、企業や組織、地域などが折れてしまうことなく、被災前の状態に戻れる力を指します。

近年、「防災から減災へ」と言われることがあります。防災は「被害を出さない」ことをめざし、読んで字のごとく「防ぐ」取り組みですが、減災は、被害が発生することを想定したうえで、できるだけその被害を小さくしようという取り組みです。本章では、「防災から減災へ。そしてレジリエンスへ」とも捉えることのできる世界の動きや、日本の現状を紹介しながら、さまざまな災害への対応力としてのレジリエンスを考えます。

◉災害への地域や組織のレジリエンスを高めるのに必要な三つのこと

京都大学防災研究所の林春男教授は、災害への地域や組織のレジリエンスを高めるのに必要な三つのこととして、次のことを挙げています。[2]

①**リスク評価**：地震や津波、洪水、火災、交通安全、新型インフルエンザ、あるいはテロなど、さまざまな脅威（ハザード）に対して、今、何が自分にとって最も備えなくてはならないリスクなのかを分析する作業。

②**被害の予防**：想定した脅威による被害を予防するための対策を講じる。地震に対する建物の耐震化や津波対策など。

③被害を受けた時の対応：最も重要なもので、予想したもの以外の脅威が顕在化、あるいは予想した脅威が想定した以上の被害をもたらした際の対応。

林教授が述べている次の点は大変重要だと思います。「不測の脅威に遭遇しながらも、組織や社会が存続していくためには、その組織、社会にとって最も重要な業務を日常的に洗い出し、そこだけは被災しないような対策を講じておく。それ以外の業務については、具体的な復旧目標を定めて、それを達成するための施策、対策を立て活動を行う。そのためには、異なる部門や、異なる関係機関が共通の指揮命令に従い、共通の言語で共通認識を持ち、対応にあたれる全体の枠組みが必要になる」。

そういった視点を持って、日本の現状と比べながら、米国、英国、キューバの取り組みを見てみましょう。

◉米国の取り組み

米国には、組織横断的な緊急対応組織として、連邦緊急事態管理庁（FEMA）と国土安全保障省（DHS）が設立され、組織面の統合や強化だけでなく、インシデント・コマンド・システムなどの危機管理システムや、タイムラインなどの効果的なアプローチの開発・改善も進められています。

◎1979年、連邦緊急事態管理庁（FEMA）の設立[3]

米国では1960年代から70年代にかけて大きな災害が続き、住宅・都市開発省内に設立された連邦災害援助事業団の対応・復旧が求められる状況が繰り返されました。1961年にハリケーン・カーラ、65年にハリケーン・ベッツィ、69年にハリケーン・カミーユ、72年にハリケーン・アグネスが襲来し、また、64年にアラスカ大地震が、71年にはサンフェルナンド地震が南カリフォルニアに被害を与えたのです。

しかし、政府の体制をみると、災害・ハザード・緊急事態に何らか関わっている連邦機関が100以上ある上、州や地域でも、同じような計画や方針がいくつも存在しており、効果的な対応がとりづらい状態でした。

そこで、「連邦政府が中心となって非常時に対応する機能を統合すべきだ」という声が上がり、1979年、ジミー・カーター大統領が、それまでばらばらだった災害関連の担当組織の多くを統合して、連邦緊急事態管理庁（FEMA）を設立するという大統領令を出しました。

これまでは「テロ」「自然災害」などハザードごとの対応だったのに対して、FEMAでは、小規模で単発の出来事から究極の非常事態である戦争まで「あらゆるハザードに対するアプローチ」として、統合緊急事態管理のしくみを構築し、連邦政府の災害への対応力を一元化し、向上しました。

◎2002年、国土安全保障省（DHS）の設立

2001年に起きた9・11テロ事件への対応として、米国では2002年に国土安全保障法を成

立させ、「国土安全保障省（DHS）」を設立しました。

国土安全保障省の任務は、「テロ攻撃を防止・妨害すること」「米国民や主要なインフラ・資源を守ること」「発生した出来事に対応し、そこからの復旧をはかること」です。これまで別個に国家の安全や情報を担当していた22の行政機関を統合した、20万人を超える大組織が、災害・非常事態への対応、市民の体制づくり、非常事態の予防を含む任務に当たっています。

◎インシデント・コマンド・システム（ICS）

米国では、こういった組織面の統合や強化だけでなく、危機管理システムの開発や改善も進められています。9・11に対して、「日本であのようなことが起こったとき、あれほど効果的に、政府や自治体が連携して対応できるだろうか？」と思うほど、連邦政府、州政府、ニューヨーク市の効果的な連携を高く評価する声が多く聞かれましたが、この連携を大きく支えたのが、インシデント・コマンド・システム（ICS：Incident Command System）という危機管理システムでした。

ICSは、災害・事件の種類を問わず、あらゆる緊急事態対応で使用するための標準化されたマネジメントシステムです。「指揮（Command）」「実行（Operation）」「計画情報（Planning）」「後方支援（Logistics）」「財務・総務（Finance/Administration）」という5つの主な機能に組織を構成するという組織体制から、命令系統、計画書の様式や通信方法といった管理手法、使われる用語やルールまで、すべてが標準化されていることが特徴です。この標準化によって、連邦政府、州政府、地方政府などあらゆるレベルの行政機関のほか、NGOや民間部門も共通して使うことができます。

もともとＩＣＳは、１９７０年にカリフォルニアで起こった大きな山火事の後に、複数の組織が関わる複雑な非常事態に対し、組織間の調整を行うためのシステムとして開発されたものです。小池貞利氏は『３・11以後の日本の危機管理を問う』[4]で、このように紹介しています。


米国では、1970年代、多くの山火事が発生し、当時のマネージャー達は多くの問題に直面した。例えば
・一度に多くの人が、一人の監督者に報告するので処理しきれない
・関係機関がそれぞれ異なった組織構造になっており、組織的な対応が困難。
・信頼のおける情報が流れてこない。
・通信装置や通信手順が統一化されていない。
・関係機関の間で共通の計画を策定するシステムがない。
・指揮命令系統が不明確。
・関係機関が使用する用語が統一化されていない。
・目標が不明確。
等である。

これらの問題を解決するための1979年に消防大学校が開発したものが「ICS」である。ICSは、次のコンセプトの下で開発された。

・小規模なものから大規模なものまで、非常事態の大小や種類を問わず使用できる柔軟性のあるシステムであること。
・日常的な事故から大規模な災害まで使用できるものであること。
・全国から駆けつけてくる多種多様な機関の職員が、すみやかに溶け込めるような共通のマネジメント構造になっていること。
・費用対効果の良いシステムであること。

当初は山火事への対応用としてつくられたのですが、それ以外にもあらゆる種類の非常事態やハザードに活用できることから、「非常事態の現場での資源と人員の指揮・管理・調整のためのモデルツール」として、米国内のさまざまな現場で使われるようになりました。

2004年には国土安全保障省が、ICSをベースとした「米国インシデント・マネジメント・システム」を確立しました。その原因や規模、場所や複雑性にかかわらず、どのような災害や事件に対しても、連邦・州・地元政府、NGO、民間部門が協力して、防止、保護、復旧、被害軽減を行うための全国で使える一貫したテンプレートの役割を果たしています。

◎「タイムライン」

米国の災害対応プログラムの中で、「タイムライン」と呼ばれるアプローチの有効性が広く認められています。これは、災害が発生したときに、政府や自治体、関係諸機関などが、いつ、どのように動くかが一目でわかる「行動計画表」を作成しておくというものです。

米国では、強烈な勢力を持つハリケーン・サンディが来襲した際、100万人規模の住民をスムーズに避難させ、被害を最小限に抑えることができました。それは、ハリケーンが来たときに、浸水などの被害が発生することを前提に、いつ、何を実施すべきかのプログラムを事前に決め、時間軸にそって明記した「タイムライン」があったおかげだと言われています。

ハリケーン・サンディの際の「タイムライン」の例として、ニューヨーク地下鉄などの動きを見てみましょう。(5)

10月26日（ハリケーン来襲の3日前）

ニューヨーク市のブルームバーグ市長は、ニューヨーク市の沿岸ハリケーン対応計画を開始、緊急事態管理の状況室のニューヨークオフィスを開設。

ニューヨーク州都市交通局（MTA）は、地下鉄の運行休止の可能性を市民に伝えるプレスリリースを発表。プレスリリースには、MTAのハリケーン対応計画が述べられており、風速が時速39マイルを超えた場合には地下鉄の運行を停止するとしていた。計画には以下の措置も書かれていた。

・高台にバスや電車を移動する
・右図のように、地下鉄の入り口や通気口を、土嚢や防水シートで覆う
・地下鉄、トンネル、橋のポンプや排水溝からがれきを除去する人員を配置する
・インシデント・コマンド・センターの機能を立ち上げて人員を配置し、人員の調整と対応の管理を

する

・ハリケーンが「7」を超えたのちに配備できるよう、すべてのポンプ車、移動式ポンプ、緊急対応車を稼動可能な状態にしておく

10月28日（上陸の前日）

ブルームバーグ市長が、ニューヨーク市のAゾーンの強制避難を指示。

MTAは、午後3時までにすべてのサービスを止め、午後7時に地下鉄システムの閉鎖を開始するよう指示。地下鉄の車両は危険な場所から高台へ移動。バスの最終便は夜9時に出発。ニューヨーク州とニュージャージー州の間を走る地下鉄は深夜にすべてのサービスを停止。

メトロノースやロングアイランド鉄道などの通勤用鉄道は、午後7時に最後の発車。ニュージャージー・トランジットは午後4時にサービスの停止を開始。すべての鉄道、バス、ライトレールは午後2時までに運行停止。

このように、ニューヨーク州都市交通局は、ハリケーン上陸1日前に、乗客に事前予告したうえで地下鉄の運行を停止しました。これらの動きは、2007年の洪水およびハリケーン・アイリーンの上陸後に、体制と対応を改善した結果です。

「いつ、何をすべきか」は、ハリケーンが来てからその場で考え、決定されるのではなく、気象予報と連動しながら、「ハリケーンが来る可能性がある場合は、○日前に××をする、○時間前に△

△をする」ということがあらかじめ決められているのです。
「タイムライン」は災害が発生するごとに見直されて改善がはかられ、つねに最善の準備がされている状態が保たれます。現場での混乱を抑え、冷静なときに考え抜かれた最善の行動を着実に行うことで、被害を最小限に抑える効果的な方法です。

「ハリケーンが来そうだ」と、「タイムライン」に沿って行動し始めても、ハリケーンが逸れていき、上陸しないこともあるでしょう。そこで「予報が外れた」「行動が空振りだった」と批判・非難するのでは、「タイムライン」はうまくいきません。「タイムライン」のアプローチで大事なことは、予報の〝空振り〟を恐れず、その経験を次の行動計画の改善に活かしていくことです。

また、「タイムライン」では、「ゼロアワー」(ゼロ時間前)と呼ばれる、想定災害の発災時までには、防災担当者や消防団なども安全に避難が完了しているように行動計画を立てます。東日本大震災では、多くの消防団員や防災担当者が逃げ遅れて被害に遭いました。「ゼロアワーの考え方をもったタイムラインがあれば……」といたたまれない思いをすると同時に、またいつ何時災害が起きるかわからないのですから、次の災害に向けての「タイムライン」を考えておく必要性を強く感じます。

もちろん、ハリケーンのように、「これから来る」ことが予測できる災害と、地震のように突如発生する災害では異なる対応が必要な面もあります。しかし、たとえば、地震が起きた後に津波が発生することは予測できるのですから、「地震発生」から「津波来襲」までのタイムラインをつくっておくことは可能であり、必要なことでしょう。

このタイムラインの考え方については、日本でも注目する自治体も出てきており、三重県紀宝町など導入に向けての準備を始めている自治体もあります。

◉英国の取り組み

次に英国の取り組みを見てみましょう。国としての包括的な枠組みを打ち出し、継続的なリスク評価に基づいて取り組みを進め、現場でのレジリエンスを強化すべき地域社会の取り組みもしっかり進めるなど、非常に参考になります。

◎市民非常事態法

英国政府は2004年に、「市民非常事態法」を制定しました。これは、英国の市民を守るための新たな法的枠組みとして、緊急事態への準備・対応においてそれぞれの組織が果たすべき役割と責任を明確に規定するものです。ここでの「市民非常事態」とは、以下のように定義されています。

・英国で、市民の福利に重大なダメージを与える恐れのある事象または状況。重大なダメージとは、「人命が失われること」「病気やけが」「住む家を失うこと」「財産への損害」「お金、食料、水、エネルギーや燃料の供給の途絶」「通信システムの途絶」「輸送施設の破壊」「健康に関連するサービスの途絶」など。
・英国内の環境に深刻な被害を与える恐れのある事象または状況（環境破壊は「生物学的・化学的ま

たは放射性物質による土地や水、空気の汚染、動植物の生命の破壊・混乱」と定義)。
・英国の安全保障に重大なダメージを与える恐れのある戦争またはテロ。

自然災害だけではなく、広く災害・ハザードをとらえ、「何が起こったか」よりも「それによって、どういう事態になるか」から問題と対応を考えていることがわかります。

この法律では、地元の自治体や関連組織が重要な役割を担う存在として位置づけています。市民を守るために、地元当局は以下の職務を義務づけられています。

・緊急事態発生のリスクを評価し、「地域社会のリスク一覧表」の形で緊急時対応計画にその情報を伝える
・緊急時対応計画を設けておく
・緊急時にも不可欠な機能を発揮し続けられるよう、事業継続計画(BCP)を作成する
・市民の保護に関する事項についての情報を広く通知し、緊急時に人々に警告・通知・助言するための手はずを整えておく
・協調活動を強化するために、他の地元対応者と情報を共有する
・調整と効率を高めるために、他の地元対応者と協働する
・企業やボランティア団体について、事業継続管理についての助言と支援を提供する

このように、地方自治体に対して、自らのＢＣＰを策定することや、「民間企業にＢＣＰを推進する」ことも義務付けています。

◎英国民にとってのリスクの最新情報を提供

ＢＣＰを作成するには、どういったリスクを想定すべきかの情報が必要です。英国政府は２００８年から、英国の人々が今後5年間にどのような緊急事態に直面する可能性があるかについての最新情報を提供する「国家リスク一覧表」[6]を公表しています。

緊急事態のリスクの深刻さは、「それが今後5年間に起こる確率」と「起こった場合に、人々が感じる結果や影響」の両方によって決められています。つまり、最大のリスクとは、起こる可能性が最も高く、起こった場合には最も大きな影響を与えるものです。

リスクは毎年見直されます。近年の優先順位の高いリスクには、「新型インフルエンザ」「沿岸の洪水」「壊滅的なテロ攻撃」「大量のガス噴出を伴う海外での火山噴火」などが並び、「深刻な山火事」など新たなリスクとして追加されたものもあります。

「国家リスク一覧表」には、英国で人々に影響を与える可能性がある緊急事態にはどのような種類があるのか、発生確率と影響の大きさで比較ができる図が示されています。

◎リスクへの対応

英国の中央政府では、国レベルでの緊急事態のための準備として、「国家リスク一覧表」で取り上

図6-1　国家リスク一覧表：テロリストなど悪意ある攻撃のリスク

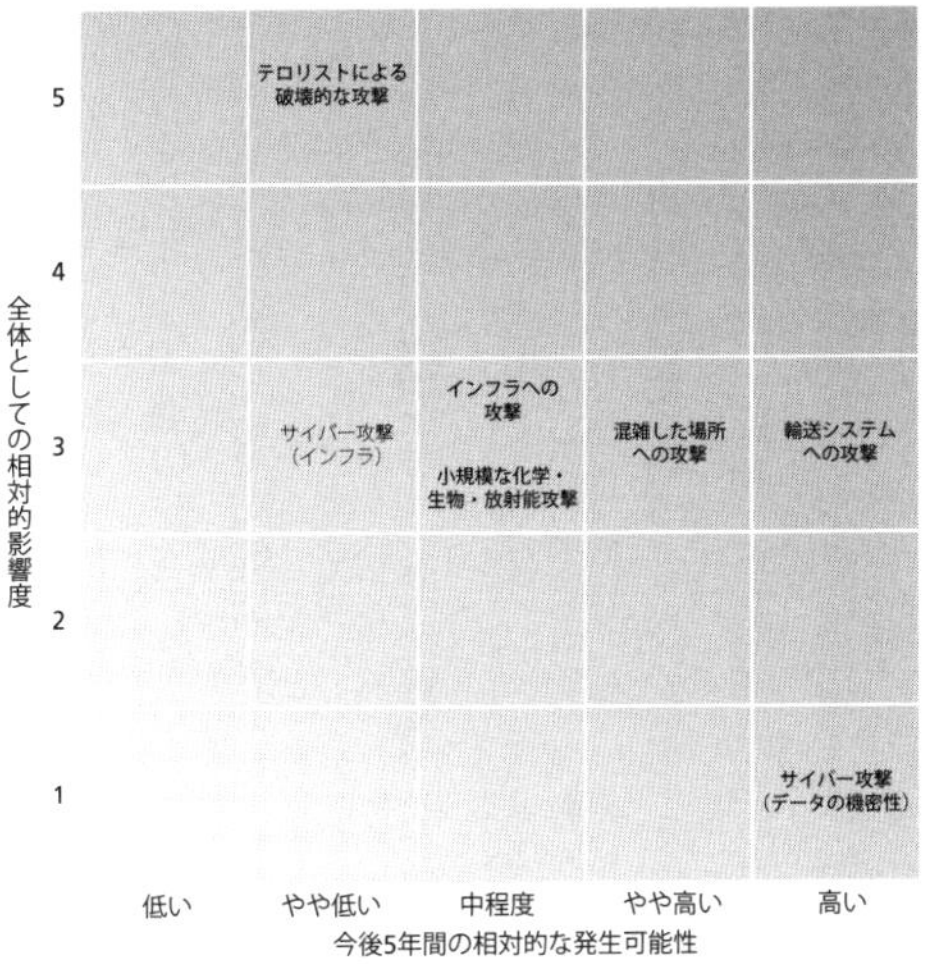

図6-2　国家リスク一覧表：その他のリスク

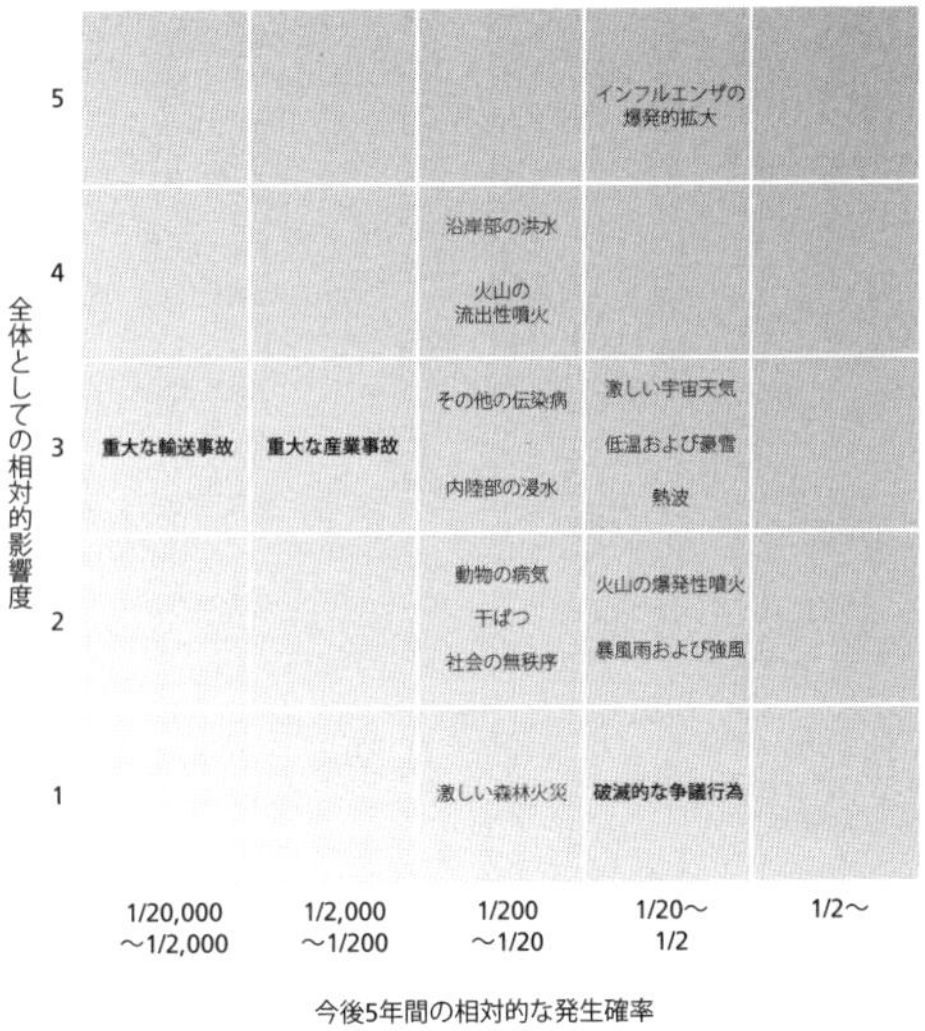

げられたリスクの種類ごとに、リーダー役となる政府部門が定められ、中央政府の緊急事態対応の、日々の政策の監督、調整、支援、全体的な管理を担当しています。また、より大規模の緊急事態のために、政府はさまざまな文書やガイドラインを策定・公表しています。

そのひとつ、「国家レジリエンス能力プログラム」[7]は、非常事態に対応し、回復するための英国の能力を高めることを目指すものです。緊急事態が事故によるものか、自然災害や人災によるものかに関わらず、緊急事態のほとんどのタイプに共通する影響に対処する能力を構築することを目的としています。定期的に対応能力を測定・評価することで、国全体の非常事態への対応能力を向上していくしくみになっています。

個人や組織も、「国家リスク一覧表」を用いて緊急事態のための計画を策定することができます。最初の一歩は、国全体の主なリスクの相対的な発生確率と影響を見ることによって「最大のリスクは何か」を知ることです。もっとも、同じリスクでも、場所によって発生確率と影響が異なります。そのため、地域防災会議のような集まりである「ローカル・レジリエンス・フォーラム」が毎年、「地域社会のリスク一覧表」を公表しており、実際に緊急時の計画を策定する場合には、それぞれの各地元のリスクに関する情報も確認することが奨励されています。

◎地域社会のレジリエンスを高める

英国政府は、政府レベルでの枠組みや取り組みを進めるだけではなく、地域社会のレジリエンスを高めるための取り組みにも力を入れています。その一環として策定しているのが、「地域社会のレジリエンスに関する戦略的国家枠組み」[8]です。これは、非常事態の前・最中・後のそれぞれの段階において、個人と地域社会の役割を明確にし、レジリエンスを強化するためのものです。

この枠組みでは、レジリエンスは「個人、地域社会、システムが、許容できるレベルの機能や構造、アイデンティティを維持するために、適応する能力」と定義されています。また、「地域社会レジリエンス」は、「非常時に、地域社会と個人が、地元のリソースや知識を活用して自助し、非常時サービスの対応を補完すること」とされています。

「みなさんが非常事態発生時に示す善意や取り組みは非常に重要なものですが、実際に非常事態が起こる前に、個人として、また地域として、備えをしておくことも重要です」と呼びかけています。そして、既存の地域ネットワークや組織を活用して、地元に「コミュニティ非常事態グループ」をつくり、地域の災害対応担当者や議員などと協働で必要な準備をするなど、地域のレジリエンス向上をはかるプロセスを示しています。「政府の役割は、そういった地域の取り組みを、優良事例の共有などを通して支え、促進すること」とし、まさにその役割を果たしているのです。

地域社会のレジリエンスを高めるためには、次の二つのステップが必要だとしています。

ステップ1：リスクに関して公表されている情報を用いて「自分たちにとって脆弱なところはどこか」および「自分たちはどのようなインフラに依存しているか」を考える

ステップ2：自分たちの直面しているリスクについて考え、非常事態が起こった場合の影響に備える

ための取り組みが必要かどうかを決める

また、「レジリエンスの高い地域社会」のイメージをこのように示しています。みなさんの地域はどうでしょうか？

「レジリエンスの高い地域社会」

□自分たちの地域に対するリスクとそういったリスクに対する自分たちの脆弱性がよくわかっている
□リスクが現実のものとなったときの、自分たちの対処力・適応力に自信を持っている
□非常時に専門家として対応する担当者やボランティア分野の担当者と話し合っている

「具体的に、どうやって始めたら良いのだろう？」という地域の人々向けに、英国政府では「非常時に備える〜コミュニティへのガイド」(9)という小冊子も用意しています。英国のさまざまな地域での取り組み事例とともに、「自分のコミュニティのレジリエンスを高めるための5つのステップ」の例が載っていますので、紹介しましょう。

「自分のコミュニティのレジリエンスを高めるための5つのステップ」

ステップ1：まず、自分が属している「コミュニティ」はどこか、だれかを考える

地元という地理的なコミュニティだけではなく、趣味やスポーツのグループなども対象となるでしょう。コミュニティのレジリエンスを高めるとは、まったく新しいコミュニティやネットワークをゼロからつくり出すことではなく、すでに存在しているものやすでに行っていることは何か、話をしたり一緒に作業をしているのはだれかを考え、非常事態の最中や後に、どのように協力して活動ができるかを考えることです。

ステップ2：一緒に活動ができる、既存の地元のネットワークに連絡してみる

コミュニティには、消防団やスカウトグループ、宗教グループ、町内会など、すでに多くのグループがあって、暮らしを支えたりよりよいものにしたりしています。そういったグループのスキルやリソース、知識をどのように活用すれば、よりレジリエンスに富んだコミュニティにできるかを考えてみましょう。

ステップ3：自分たちのコミュニティ非常時計画の代表を選ぶ

非常時対応サービスを提供する行政・関連機関との橋渡し役となる人を考えます。地元の議員と相談し、調整してもよいかもしれません。

ステップ4：コミュニティ非常時グループをつくる
新しいグループを立ち上げなくても、既存のグループの活動に、コミュニティのレジリエンス育成の活動を入れ込むことも有効です。

ステップ5：コミュニティ非常時計画をつくる
用意されているテンプレートをダウンロードして使ってもよいでしょう。

コミュニティ非常時計画のテンプレート[10]は、ワードファイルをダウンロードし、地域の人々が話し合いながら書き込んでいくことで自分たちの非常時計画ができあがる、というよくできた支援ツールです。次の項目からなっています。

コミュニティ非常時計画テンプレート
・地元のリスク（リスク、コミュニティへの影響、どのように備えができるか）
・地元のスキルやリソース
・主な安全な場所
・非常時の連絡先
・電話連絡網
・地域で特に脆弱な人々がだれかを知るために役立つ情報を持っている地域の団体リスト

・何の発生をもって、非常時計画を実行に移すか
・非常時にまずすべきこと
・第1回コミュニティ非常時グループで議論すべき議題
・非常時対応担当者と合意した、避難の際の行動
・通常の通信手段が使えない場合の連絡方法

このテンプレートには、詳しい解説やサポートを盛り込んだガイドブック(11)もついています。英国政府が本当にきめ細やかに手引きやツールを用意して、国民と地域のレジリエンス向上に真剣に取り組んでいることがわかります。

◎英国の取り組みから学べること

英国では、政府レベルでさまざまなリスクの評価を毎年行い、国民に情報提供しているほか、政府や自治体の非常時対応の責任を明確にして、自らの取り組みを進めています。さらに、地域社会や個人のレジリエンスを高めるための考え方や枠組み、支援ツールなどが充実していることが大きな特徴です。

日本でも、後述する「国土強靱化計画」といった国レベルの施策を進めていますが、生活者や地域社会が自助・共助しながら、公助を待つことができるよう、地域のレジリエンスを強化することにも力を入れることが求められます。

それは、英国政府がいうように、「地域社会のレジリエンス活動を通じて築かれる社会関係資本は、災害対応を超えて地域社会にさまざまな良さをもたらす」、つまり、地域の幸せにもつながる取り組みなのです。

◎キューバの取り組み

カリブ海に浮かぶキューバは、ソ連崩壊以降もいまだに共産主義を堅持している開発途上国で、国民ひとりあたりのGDPは7000ドル弱、日本の5分の1以下です。フィデル・カストロの革命以来、米国からテロ支援国家と名指しされ、1962年以後経済封鎖を受けてきました。1991年のソビエト連邦崩壊後は、キューバ産砂糖と交換でソ連製の石油を得ていた経済基盤は大打撃を受けて経済は衰退し、国民は平均9kgも体重が減るほどの状況になったと言われます。

多くの人がキューバに対して「貧しい途上国」というイメージを持っていると思いますが、こと防災に関しては、国連も赤十字も米国も「世界的なモデル」と称賛する防災大国であることは、あまり知られていません。『「防災大国」キューバに世界が注目するわけ』[12]から、キューバの取り組みを紹介しましょう。

世界で最も人々の命を奪っている災害は、熱帯暴風雨(ハリケーン、台風、サイクロン)で、過去200年で約200万人が命を落とし、北米やカリブ海では、20世紀以降も7万5000人がハリケーンの犠牲になっているそうです。キューバは、ハリケーンの通り道に位置する国で、1932年のハリケーン・サンタ・クルス・デル・スルでは3500人以上、1963年のハリケーン・フロラでも１１２６人が亡くなりました。

しかし、２００１年のハリケーン・ミチェルは、国土の52％にダメージを与え、全国民の53％にあたる５００万人以上が被災するほど強烈だったにもかかわらず、死者は５人、軽傷者は10人。16万戸以上の住宅が破壊されましたが、１年もたたずに復旧されています。

翌２００２年９月に襲来したイシドレとリリは、１万８０００戸の家屋を破壊。沿岸の漁村は高波に呑まれ、内陸の村々も洪水で孤立し、学校や病院、水道や電気等のインフラも破壊され、農産物でも甚大な被害が出たにもかかわらず、両ハリケーンによる死者は１人、負傷者は皆無でした。そして、１カ月もかからずに、水道や電気、電話は完全復旧しています。

２００４年に襲来したイワンは、最大級のカテゴリー５の大型ハリケーンで、米国では52人、カリブ海では70人以上が命を落としましたが、キューバでの死傷者はゼロでした。２００８年にはグスタフとアイクが立て続けに襲来し、ハイチでは１５０人、米国でも１６０人の犠牲者が出ましたが、最大勢力で直撃を受けたキューバでは、グスタフによる死者はゼロ、アイクによる死者は７人だけでした。

このように、１９９５年～２００６年にかけて、キューバは熱帯暴風雨に３回、ハリケーンに８回ほど見舞われ、うち４回はカテゴリー３以上の大型だったにもかかわらず、この全期間を通じて、命を落としたのは34人。年平均でたった３人なのです。

ハリケーンは以前より威力を強め、頻度も増しているにもかかわらず、近年は、ほとんど死傷者も出ず、信じられないほどのスピードで復旧するキューバには、私たちが学ぶべきことがたくさんあります。「迅速かつ効果的な避難の態勢」「レジリエンスを高める復旧の取り組み」という二つの視点から、キューバの取り組みを紹介します。まず、「迅速かつ効果的な避難の態勢」です。

◉非常時計画がいきわたっている

キューバでは、ハリケーンや豪雨等の自然災害から国民や経済を守るための市民防衛法が制定されています。「市民防衛制度では、リスクが高い地区のことをまず調べ、次にそれを減らすために対応を行う。政府や公社等はもちろん、企業、病院、工場等あらゆる組織が、何が脆弱で何を守るべきか、災害時には何をすべきか計画を立てています」。

◉予測と情報伝達

キューバのハリケーンのすさまじさは、日本の台風の比ではなく、強風で屋根は吹き飛ばされ、家はなぎ倒され、バスは横転し、テレビ塔も倒れ、海岸沿いには数メートルの高潮が押し寄せ、高波が引いた後には廃墟しか残らないほどです。

にもかかわらず、死傷着が皆無に近いのは、米国やヨーロッパに匹敵する89〜92パーセントの正確さでハリケーンを予測できる優れた気象観測技術を駆使して、ハリケーンの経路をあらかじめ予測し、いち早く政府が危険を知らせ、水、食料、電気と万全の事前準備をしたうえで、危険なエリアから安全な地帯に避難するからです。

◉いつでも一人残らず避難できる態勢づくり

襲来予測が出ると、政府側も準備を始め、各組織や機関は完全に動員体制に入ります。州や町などの基礎自治体の議長が地元の「市民防衛本部長」となり、各地区に設けられた「市民防衛センター」に司令部を設置し、必要な資材を確認し、不足があれば直上のレベルの政府と連絡を密に取りあいます。

そして「防災計画」を元に、担当管内で予想される交通手段や施設の確保にあたります。各地域では、革命防衛委員会や学校の校長、ファミリー・ドクターたちが各自の役割を確認しあい、避難手順や避難場所、必要な資材をチェックします。

あらかじめどの施設や住宅が脆弱かを特定しているため、予想されるハリケーンの強度に応じて、どれほどのダメージを受けるかを試算できることが強みです。脆弱だと特定された地域では、ハリケーンが接近する前に、飲料水が運ばれ、病院、パン屋、食品加工センター、ホテル、学校、電話センターには72時間稼働する発電機が準備されます。だから、たとえ強風で送電線が切れても「電源喪失」という非常事態には陥らないのです。

直撃の24時間前に「市民防衛司令部」が避難命令を出せば、危険地域からの避難が始まります。政府がバスや車両など避難用の交通手段を提供し、避難にかかる資金をすべて負担します。

1998年のハリケーン・ホルヘでは、1万台の車両しかないにもかかわらず、洪水地域から81万8000人と75万頭の家畜が72時間のうちに避難しました。ミチェルでは、5000台の車両しかない中、低地に居住する約75万人とほぼ同数の家畜が避難しました。

特に脆弱な住民を守るには、守るべき対象者がわからなければなりません。そこで、各基礎自治体では、氏名、年齢、病気の有無、特殊なサービスの必要性等、詳細な情報を毎年更新しており、各地域の市民防衛のリーダーも、州や基礎自治体政府と協働して、この膨大な記録をまとめあげています。この情報がハリケーン襲来時に威力を発揮するのです。

「カマグエイ州は人口が80万人弱だが、ハリケーンが到達する前に、医療関係者は、妊娠中の女性が4000人、幼児が8000人、医学上の問題を抱えた約300人の子どもたちと、リスクが高い人々を特定した。救急治療部が入院用に準備され、各避難センターには小児科の専門医が配置された」という具合です。

◉安心して避難できる支援と配慮

スムーズな避難が進む背景には、避難者側に立ったきめ細かい配慮もあります。私財の保護対策もその一例です。大きな建物には警備員を出し、泥棒が入らないよう警官も配備されます。2004年のイワンでは、ペットも一緒に避難できるようにし、避難所にはペットのために獣医も待機させたそうです。

◉手厚い避難所の対応

避難所では、医療・メンタル面のサポートが手厚く提供されます。ハリケーン・ミチェルの時には、事前に計画されていた1028カ所の避難所のすべてに診療所が設けられました。病人や高齢者、妊娠中の女性が避難する際には医師や看護師が同行し、その後も医師と看護師はチームを組んで、各家庭を健康診断で巡回したそうです。

各地域の防災計画には医療も含まれ、①病人や負傷者を安全に避難、②すべての避難所と非常食準備施設で衛生検査を実施認証、③災害用の病床、医薬品、消毒剤、水、ガス、酸素吸入、救急車等の確認、④被災時の避難場所や医療チームが補強すべき場所等が計画されています。

また、防災医療として、妊娠中の女性、病人、幼い子ども、身体障害者、被災者への心理的なケア等の医療計画も立てられており、ファミリー・ドクターたちは、ハリケーン後には住民たちの不安を解消するためメンタル・ケアも行っています。避難所では水や食料と医療が提供されるだけでなく、エンターテインメント・グループに属する学生などが数多くのレクリエーション活動を提供するそうです。

◉毎年の地域での避難訓練

毎年ハリケーン・シーズンがやってくるまえに、各地域で2日間の防災訓練が行われます。各省庁、学校、病院、工場では、初日に対応策や手順を予行演習し、2日目は、倒れる危険性のある木の枝を切り落としたり、貯水池の壁やダムをチェックしたり、家畜を避難させる場所を特定します。救助活動の演習がなされ、実際の避難の手順もリハーサルします。

また、小学校から防災の授業があり、災害時の対応方法について学んでいます。子どもたちは幼いうちから、学校でさまざまな活動やロール・プレイングを通じてハリケーンについて教えられます。日常的に防災教育を行っているため、「何を準備し、何をやるのかをどの子どもも説明できます」。テレビでも防災プログラムの番組が放映され、過去の悲惨なハリケーンのシーンを放送することで、防災意識を高めています。

◉つねに見直しと改善をはかる

ハリケーン・シーズンが終わると、何が機能し、何が機能しなかったのか、この一年に起きたことを振り返ります。洪水に弱い地域や家屋等をチェックし、革命防衛委員会レベルから、危なそうな住居の家族の名前や子どもの人数を書き留め、誰が避難するのか、その際、誘導に手助けがいるのは誰なのかも明記し、5～6の防衛委員会からなる「ゾーン」の代表にそのプランを送ります。代表は各ゾーンの情報を集約し、自治体に提供します。「各組織や全省庁が同じことをやり、変更が必要であれば計画をやり直します。こうして公式のハリケーン・シーズンが始まる5月までには準備ができるのです」。

こういった毎年の見直しに加えて、国際的な知見も積極的に活用し、さらなる改善をはかっています。2005年に神戸市で開催された国連防災世界会議に参加したキューバでは、持ち帰った知見を活かし、その年のうちに全国、各州の自治体の防災計画の徹底的な見直しを行いました。

投資開発プロジェクトでは、環境アセスに加え、複合災害リスクアセスも求められます。以前ハバナの海岸道路に沿って建てられたホテルはハリケーンのたびに浸水しますが、現在では、ホテルも住宅も、土砂崩れや洪水他の危険性のある場所には建てないよう規制されています。アセスが対象とするリスクは、豪雨、強風、波浪、氾濫、高潮の他、山火事、地震、地滑り、感染症、大規模な事故、毒物の流出まで含む、広範なものです。

こうした絶えず見直しと改善をはかる姿勢について、担当者はこのように述べています。「長年蓄積されてきた脆弱性を一夜でなくすことはできません。ですが、最も大切なことは、災害が起きてしまった後に二度と同じ被害が起きないようにすることです。人間は、風雨も波浪も喰い止めることができません。ですが、確実な仕事を行っていけば、その影響から人間や経済をそれほど脆弱でないようにすることはできるのです」。日本の私たちもかみしめるべき言葉だと思います。

米国の防災関係者もキューバへの視察を重ね、「たとえ我が国の政府がキューバ政権をどれほどけなそうとも、災害時の避難や国民の医療ニーズを満たすうえで大成功していることは事実です」といった感想を残しています。

『「防災大国」キューバに世界が注目するわけ』には、「キューバは、自然の摂理に逆らわず、まさにハリケーンと共存するともいうべき文化を育んできている。二年に一度は、ハリケーンの直撃を受け、家や道路を壊され、停電に苦しめられながらも、くじけることなく、その度に立ち上がっていく陽気な人々。だが、その活力のバックには、たとえどんな災害が来ようとも人命だけは救われ、政府や地域コミュニティがきっと復旧を応援してくれるという安心感と希望がある」と書かれています。地域と暮らしと人々のレジリエンスの重要な要素がここにあります。

次にキューバの「レジリエンスを高める復旧の取り組み」を見てみましょう。

◉迅速な復旧

ひとたび危機が去れば、被災状況や緊急ニーズのアセスメントが実施され、住民が一日も早くノーマルな状態に戻れるよう、最大の努力が注がれます。住宅、医療施設、学校の再建が直ちに始まり、建設工事の専門部隊（プリガーダ）が被災地に送られます。

意外な速度で被災地が回復していくのは、ハリケーン後は、全家屋が修復されるまで、建築資材の全生産力が破損住宅の再建に振り向けられるためですが、政府の支援を待つだけでなく、市民が助け合うこともその理由です。

家や家財を失った住民には、まず仮設住宅を用意します。そして、復興とともに、自宅と最低限の家具が無償で支給されます。しかし、工場も店舗も壊れた被災者にとっては収入源と仕事が必要です。そのために公共事業がなされますが、所得が低い被災者は、自分たちの家を建て直すことに対して給与を受け取ることができるそうです。

◉一度被災したら、二度と被災しないように復旧する

復旧エリアでは、複合リスクアセスの防災要件を満たすことが義務づけられるため、回復事業で整備される新たなインフラは、より安全な場所に新たに建てられたり、頑丈な資材で再建されるなど、一度被災したら、二度と被災しないように整備されます。

被災しやすい地域では、各家にコンクリートの屋根を持つ小部屋や浴室が設けられます。各家庭

が家の中に、小さな避難所を持つようにしているのです。そして、10軒に1軒はコンクリート製の屋根の家が建てられ、地元の避難所になります。

●町ごと移転

国連人間居住計画（ハビタット）の「カリブ海地域の住宅の地域管理と防災」（２００２年）にキューバが出した公式報告では、平均海水位から１m以下、海岸線から１０００m以内にある２４４地区、１４０万戸が洪水被害に脆弱だとしています。ハリケーンの強度が増し、海面も上昇するとしたら、内陸部に移動することが唯一の安全確保策であると政府は認識しており、サンタ・クルス・デル・スルでは、仮設住宅の建設時から内陸部への移動が始まりました。建設省の労働者、革命軍、内務省、動員された１０００人もの住民たちが４５０日以上も汗した結果、海岸線から５キロほど北に、八つのアパートが完成、病院や都市農場もつくられ、新たな町が移転されたのでした。

◎日本がキューバから学ぶべきこと

『「防災大国」キューバに世界が注目するわけ』の共著者の中村八郎氏は、このように述べています。

防災対策というのは、大きく見れば、予防、応急、復旧、そして、復興の4つのフェーズからなっています。これは先進国、開発途上国を問わず世界共通のもので、日本も含め、基本的にどの国の対策もそうなっています。ところが、この4フェーズのうち、予防、災害の未然防止対策の部分をおろそかにし、応急対策が中心となって異常に特化しているのが日本の特徴なのです。例えば、日本では誰もが学校の建物の耐震化や避難場所を整備することが防災だと思っています。ですが、これは「応急対策」にすぎず、応急対策だけで災害は減らせません。全ての自治体は法定「地域防災計画」を策定していますが、その内容の七割は応急対策で占められています。国民は応急対策＝防災だと思い込まされているのです。

（中略）

既往の災害を含む科学的知見を総動員して被害想定をきちんと行い、シビアなハザードマップを作ることが前提です。そして、諸条件から現状では危険を防止できないのであれば、ハザードマップを示して住民に危険性を説明し、現実的な避難方法を自治体と地区住民との間で具体的に詰めて、訓練を重ねて改善していく。もちろん、その場合でも危険な地区の土地利用を調整することは可能なはずです。

その点、キューバでは詳細なハザードマップが各レベルで作られています。どの建物がハリケーンに対して安全か危険か、どの家に支援が必要な病人がいるかなど全部わかっている。政府が重要な家具類まで安全な倉庫に運搬しています。災害危険への未然防止対策が十分にできない点をハザードマップを活用して人命と家財を保護するために、行政、関係機関、そして地区組織が連携して準備を徹底することでカバーしています。さらに、避難所も日本の避難所のように収容所的なイメージはなく、高齢者・幼児・障害者を優先させて、医師も看護師も獣医師まで配備され、誰もが安心して保護される場として、学校などの公共施設や身近で丈夫な民家が避難所として開設されています。

◉対応の遅れる日本

米国、英国、キューバの取り組みについて見てきました。日本の災害へのレジリエンスの取り組みはどのようになっているのでしょうか。

◎災害対策基本法と防災基本計画

日本の災害対策に関する法律は、「災害対策基本法」です。この法律は、昭和34年に死者・行方不明5000人以上を含む大きな被害をもたらした伊勢湾台風を契機に制定されました。そして、この災害対策基本法に基づき、昭和38年に策定された「防災基本計画」が、災害などに対する政府レベルの計画となります。

防災基本計画は、中央防災会議が作成する基本指針を示す防災計画で、防災分野の最上位計画です。この計画に基づいて、指定行政機関・指定公共機関は「防災業務計画」を作成し、地方公共団体は「地域防災計画」を作成することになっています。

50年以上前に策定された「防災基本計画」は、阪神・淡路大震災後には「教訓を踏まえ、国、公共機関、地方公共団体、事業者等の各主体それぞれの役割を明らかにしつつ、具体的かつ実践的な内容に修正」「平成11年9月の茨城県東海村におけるウラン加工施設臨界事故及び、これを踏まえて制定された原子力災害対策特別措置法の施行に合わせて修正」「東日本大震災を踏まえた地震・津波対策の抜本的強化」などの部分的な修正を行いつつ、ずっと使われています。

災害対策基本法は、付則を除いて117条からなる法律ですが、次のような構成になっています。

第1章　総則（10条）
第2章　防災に関する組織（23条）
第3章　防災計画（12条）
第4章　災害予防（4条）
第5章　災害応急対策（37条）
第6章　災害復旧（4条）
第7章　被災者の援護を図るための措置（1条）
第8章　財政金融措置（14条）
第9章　災害緊急事態（5条）
第10章　雑則（3条）
第11章　罰則（5条）

条文数の配分からも、「応急対応」に力を入れていることがわかります。「予防」についての第4章も、次に示すように、その内容は「予防も必要」というレベルで、具体的な方針や目的は語られておらず、地域や個人、組織のレジリエンスを高めるという視点はほとんど入っていません。

第4章　災害予防
第46条（災害予防及びその実施責任）
第47条（防災に関する組織の整備義務）（防災教育の実施）
第48条（防災訓練義務）
第49条（防災に必要な物資及び資材の備蓄等の義務）
（円滑な相互応援の実施のために必要な措置）
（物資供給事業者等の協力を得るために必要な措置）

また、防災基本計画は、「災害の種類に応じて講じるべき対策が容易に参照できるような編構成」が特徴で、「地震災害」「津波災害」「風水害」「火山災害」「雪害」「海上災害」「航空災害」「鉄道災害」「道路災害」「原子力災害」「危険物等災害」「大規模火事災害」「林野火災」という具合に、災害の種類別に、災害予防・事前準備、災害応急対策、災害復旧・復興についての説明があります。

先に紹介した英国の「国家リスク一覧表」では、「緊急時には、人々が対処しなければならないのは、多くの場合、出来事そのものではなく、その結果です。全く異なる緊急事態でも、結果の多くは共通しています。たとえば、大洪水の災害にしても、犯意のある化学攻撃にしても、その結果として、多くの人々が退去することになります」という考えに基づき、「原因」ではなく、「結果」ごとへの対応策を考えています。日本の防災基本計画の考え方とは対照的です。

かつてのように、災害やリスクが想定できる時代ではなく、どのようなハザードが発生するかわからない社会となってきた現在、原因ごとに項目を分けるよりも、原因はどうあれ、生じる結果ごとへの対応策を考えることが効果的で柔軟な対応につながるのではないかと考えます。

加えて、英国などの取り組みに比べて、災害ごとにその原因と影響・対策を考えるにとどまる日本は、あらゆる災害やハザードに対応するための共通の基盤としての防災力・レジリエンスの育成への目線が足りないように思われます。

たとえば、どのような種類の災害やハザードであっても、部門やセクターを超えて効果的に連携・対応できるしくみが求められます。そのためには、米国のインシデント・コマンド・システム(ICS)のような、部門横断型の危機管理システムが必須です。

米国がICSをつくる必要性に迫られた、「関係機関がそれぞれ異なった組織構造になっており、組織的な対応が困難」「通信装置や通信手順が統一化されていない」「関係機関の間で共通の計画を策定するシステムがない」「指揮命令系統が不明確」「関係機関が使用する用語が統一化されていない」といった状況は、3・11の非常時対応やその後の原発事故への対処を見ても、残念ながら、いまだに日本の現在の状況ではないかと思います。

この点において、林教授の「東日本大震災で活躍した自衛隊、海上保安庁、警察、消防はいずれも、独自のコマンドシステムを持っている。日本政府・自治体もICSのような標準化された規格を早期に導入すべき」との勧告が一日も早く採り入れられることを願っています。

◎「防災」から「レジリエンス強化」へ

防災基本法も防災基本計画も、50年以上前に策定されたものを、少しずつ手直しをしながら使ってきています。当時は、温暖化のリスクも顕在化しておらず、私たちの暮らしも経済もこれほどグローバル化していませんでした。地震や津波など、局所的な災害に、局所的に対応することで災害への対応ができる時代だったとも言えるでしょう。

ところが現在は、地震や津波といった〝従来型〟の災害以外にも、テロや新型インフルなどのハザードも考えに入れる必要があります。突如勃発する災害だけでなく、温暖化やエネルギー危機のようにひたひたと静かに進行するハザードにも対応できる枠組みが必要です。

金融危機のように、従来では〝災害〟と分類されていなかったものも、私たちの暮らしや経済を震撼させるリスクを有しています。グローバル化によって、日本国内での災害のみならず、海外での災害や何らかの緊急事態が、自分たちの暮らしや経済が依存しているインフラ（エネルギー、輸送や移動、通信、金融など）を通して、日本に住んでいる私たちにも大きな影響を与えることも考えられます。

こういった「新しいリスクの世界」に対して、日本の防災の法律や基本計画、そして、行政や私たちの考え方も、後れをとっており、有効な対応がとりづらい状況になっているのではないでしょうか。

こうした状況を変えていくためには、日本の防災の基本法である「災害対策基本法」や、防災計画の最上位に位置づけられる「防災基本計画」の趣旨や内容を、策定当時とは変わってきた「災害」

考えます。

「ハザード」「リスク」などの現状に照らし合わせて、抜本的に変えていくことも必要ではないかと

◎一人ひとりと地域の災害へのレジリエンスを高める

みなさんは災害への備えはできているでしょうか? 経済広報センターが3158人の一般の人々を対象に行った「災害への備えと対応に関する意識・実態調査」[13]によると、3人に2人が、自身の災害への備えは「不十分」と認識しています。地域や自治体はどうでしょうか?

前述したように、英国では地方自治体に対して、自らの事業継続計画(BCP)を策定することを義務付けていますし、キューバでも自治体や各組織・団体で非常時対応計画を策定し、毎年見直しをして改善していますが、日本の自治体はまだそういった体制が整っていないところが大半です。

2013年12月に日本政策投資銀行が発表した「自治体の防災対策に関するアンケート調査」(都道府県及び人口5万人以上の市町村の計608自治体を対象に、422自治体から回答を得た)の概要[14]によると、東日本大震災後に、BCPの策定・改定を実施した自治体は2割で、未策定の自治体が全体の約7割となっています。

BCPを策定していない理由としては、「庁内で議論がなされていない」(22%)、「策定に必要な人員・人材がいない」(17%)、「策定に必要十分な知見がない」(14%)と、BCP策定の必要性についての議論すら行われていないところが5分の1にも上ることがわかります。

また、国交省が自治体の支援物資供給のオペレーションに関する検討状況を調べたところ[15]、支援

物資輸送のマニュアルを作成している自治体は全国の1割に過ぎず、9割では作成されていないことがわかりました。4割の自治体は「今後も策定する予定がない」と回答しています。

日本では、災害対策基本法によって、自治体に地域防災計画の策定が義務付けられており、今回調査した自治体の83・7％は地域防災計画を策定しています。地域防災計画には、物資や備蓄、輸送に関する計画も盛り込むよう求められていますが、マニュアル作成などの詳細な規定はなく、具体策は自治体に任せられています。しかし、「過去に大きな災害を経験していない地方公共団体は、被災時の状況や支援物資供給における課題について、具体的な内容をイメージすることができず、そのため、具体的な議論を実施することが難しい」という状況なのです。支援物資の輸送訓練をしている自治体も20・1％にとどまり、43・9％は今後も訓練する予定がないとしています。

地域防災計画は各自治体が策定すべきものですが、効果的な災害時対応計画を具体的に策定し、いざというときのための訓練を推進するためには、国としての強力な枠組みやしくみ、支援が求められます。

林教授が「終戦以来、大きな災害を経験していない首都東京はオフィススペースからいけば世界一で、これだけの地域の経済活動を支えていくには、単に個別企業が事業継続計画（BCP）を進めるのではなく、地域全体としての事業継続、いわばROCP（Regional Continuity of Operation）のようなものを併せて考えながら進めていく必要がある」(2)と述べているように、個別対応ではなく、地域全体としての連携をとっての対応策を考え、非常時にはそれぞれがスムーズに動けるよう、連携方法も含めて、繰り返し訓練しておくことが必要でしょう。

そのためには、英国政府のように、自治体や地域のレジリエンスを向上することが国家としても重要であるという位置づけを明確にし、さまざまな支援や手引きを提供していくことが求められます。

◎「実証実験」の限界を突破すべき

日本には、防災に関するさまざまな科学技術を発展することを目的とした研究機関として、たとえば、独立行政法人「防災科学技術研究所」があり、さまざまな災害に対する観測網・観測施設、観測データの収集と流通、災害発生予測システムの開発を進めています。また、全国各地の地震危険度や揺れやすさを示す「地震動予測地図」など各種の自然災害に対するハザード情報の整備も進めており、それを個人や地域にとってのリスク情報に変換し、国民一人ひとりに届けることができる環境の整備をめざして、社会科学的なプロジェクトも展開しています。

たとえば、流山市役所との共同研究「流山市における災害リスク情報のオープンデータ化とその利活用に関する実践的研究」では、「災害に強い地域づくり事業」の一環として、地域での各種活動を支援する地域ポータルサイト「eコミ流山」を構築しています。地域コミュニティ自ら災害対策を検討するためのステップを学んだり、防災マップをつくったりするためのワークショップを実施するかたわら、eコミ流山に地域コミュニティのグループページを設け、地域コミュニティが地域防災活動の実施や外部への情報発信・交流を行っています。

また、「地域防災対策支援研究プロジェクト」を立ち上げ、全国の大学等における理学・工学・社会科学分野の防災研究の成果を一元的に提供するデータベースを構築するとともに、大学等の防災研究の成果の展開を図り、地域の防災・減災対策への研究成果の活用を促進するための事業を展開していくとしています。

このように、日本にも先進的で有用な研究やプロジェクトの事例があり、大学や研究機関もよい活動をしていると思うのですが、そこで得られた知見等がなかなか国レベルのしくみにならないところが大きな課題です。「社会実験」や「実証実験」だけでは、その効果や展開の可能性に限界があるからです。

◎災害へのレジリエンス強化の動き

3・11を受けて、日本政府は「国土強靱化」の取り組みを進めています。2013年12月に「強くしなやかな国民生活の実現を図るための防災・減災等に資する国土強靱化基本法」が成立し、内閣に総理大臣を本部長とする国土強靱化推進本部が設置され、事務局として内閣官房に国土強靱化推進室が設けられました。担当者にインタビューした内容を紹介しましょう。

日本政府の「国土強靱化」の取り組みについて

Q：背景について教えてください。

日本では過去に大きな災害が何度も起こっています。1959年の伊勢湾台風で5098人に及ぶ死者・行方不明者が出たことを契機に、今日の日本の防災対策の原点である「災害対策基本法」が制定されました。

1995年の阪神・淡路大震災の教訓から、住宅・建築物の耐震化、木造住宅密集市街地対策を強化するとともに、インフラの耐震性強化に着手するなど、ハード対策を念頭に置いた設計基準の強化などを図ってきたのですが、事後的な対応が中心でした。

観測史上最大のM9・0の巨大地震と最大40mを越える大津波が発生した東日本大震災の教訓は、これまでの「防護」という発想による個別のインフラ整備中心の防災対策だけでは限界がある、ということです。ハードとソフトを組み合わせて、もっと社会・経済の全体の強さとしなやかさ、強靭性を高めていく必要があります。

Q：どのような経緯ですすめてきたのですか？

東日本大震災後、自民党に国土強靭化調査会が設置され、2年間検討を重ねました。2012年12月に第2次安倍内閣が発足した際、内閣の重要事項として国土強靭化に取り組むため、内閣に「国土強靭化担当大臣」を設置。2013年1月に内閣官房に設置された国土強靭化推進室が事務局となり検討が進められるとともに、同年12月に議員立法により国土強靭化基本法が成立しました。

Q：「国土強靭化」は「防災」とどう違うのですか？

防災は、「災害が起きた後にどう対応するのか」という緊急対応が主眼です。「地震が起きたとき」

「原子力災害が起きたとき」といった分類で対応マニュアルがまとめられています。一方、平時からどうやって命を守り被害を軽減していくのかについては、今までの防災の取組だけでは必ずしも十分対応できなかったという反省があります。

東日本大震災の津波がまさにそうでした。例えば釜石の防波堤が崩壊して、まさか来ないだろうと思っている人たちを津波が襲い、たくさんの方が亡くなりました。「釜石の奇跡」のような「逃げる」教育がきちんとされていれば、防げたところもあるでしょう。インフラも大事ですが、それ以上にソフトも大事であり、両方を組み合わせてやっていく必要があるという考え方が防災と違うところです。

Q：国土強靭化はどのように進めていくのですか？

有識者の会議で検討し、「国土強靭化の基本目標」を四つ設定しました。

1. 人命の保護が最大限図られること
2. 国家及び社会の重要な機能が致命的な障害を受けず維持されること
3. 国民の財産及び公共施設に係る被害の最小化
4. 迅速な復旧復興

この四つの目標に照らして、（1）リスクを特定、分析、（2）脆弱性を特定、（3）脆弱性評価、対応方策の検討、（4）重点化・優先順位を付け実施、（5）結果の評価、というPDCAサイクルを繰り返し見直しながら、国土の強靭化を推進していきます。

回避すべき最悪の事態を有識者懇談会で検討してもらい、45の「起こってはいけない事態」を設定しました。従来は「地震」「風水害」などのハザードを想定して対応を考えていましたが、今回は、ハザードの種類に関わらず、その影響の結果生じるリスクから出発するところが特徴的です。リスクをもたらすハザードは、まずは自然災害を想定しています。

45のうち、特に「施策の重点化」として想定されたのが、次の15です。

・大都市での建物・交通施設等の複合的・大規模倒壊や住宅密集地における火災による死傷者の発生
・広域にわたる大規模津波等による多数の死者の発生
・異常気象等による広域かつ長期的な市街地等の浸水
・大規模な火山噴火・土砂災害（深層崩壊）等による多数の死傷者の発生のみならず、後年度にわたり国土の脆弱性が高まる事態
・情報伝達の不備等による避難行動の遅れ等で多数の死傷者の発生
・被災地での食料・飲料水等、生命に関わる物資供給の長期停止
・自衛隊、警察、消防、海保等の被災等による救助・救急活動等の絶対的不足
・首都圏での中央官庁機能の機能不全
・電力供給停止等による情報通信の麻痺《まひ》・長期停止
・サプライチェーンの寸断等による企業の生産力低下による国際競争力の低下
・社会経済活動、サプライチェーンの維持に必要なエネルギー供給の停止
・太平洋ベルト地帯の幹線が分断する等、基幹的陸上海上交通ネットワークの機能停止

・食料等の安定供給の停滞
・電力供給ネットワーク（発変電所、送配電設備）や石油・LPガスサプライチェーンの機能の停止
・農地・森林等の荒廃による被害の拡大

45の「起こってはいけない事態」と12の施策分野からなる45×12の巨大な表をつくり、脆弱性評価を行いました。「起こってはいけない事態」のそれぞれに対して、「行政機能」「住宅都市」「情報通信」などの施策分野で、政府の行っている施策を埋めていき、抜けや不足を評価し、何が必要かを検討します。45のプログラムについては5年間の基本計画をつくり、アクションプランも策定し、毎年見直していくことになります。

Q：他の計画や地域との関連はどうなっているのですか？

「国土強靭化基本計画」は、「アンブレラ計画」と呼ばれ、その下に防災基本計画や国土形成計画が位置づけられ、さらにその下に、各省庁の担当しているエネルギー基本計画や食料・農業・農村基本計画、社会資本の計画などが位置します。つまり、国土強靭化基本計画は、防災基本計画や国土形成計画という横断的な計画にも、その下にある個別分野の計画にも反映される仕組みとなっています。

国土強靭化法では、地域計画の策定も決められています。都道府県や市町村という単位で、それぞれの地方公共団体が地域の強靭化のための計画を策定できるというものです。政府では、地域計画を支援するため、地域計画ガイドラインを準備しており、モデル調査としていくつかの地域に専門家を

派遣し、地域計画の策定に助言を行う予定です。

◎本当のレジリエンスに向けて

現在のところ、日本政府の国家強靱化計画は、主に自然災害へのハード面からの対策であるように思われます。担当者が認識しているように、ソフト面や地域の取り組みをどれだけ重視して、国としてリードし、支援できるか、きちんと見守っていく必要がありそうです。

また、先述したように、個別省庁の対策や取り組みを横断的に並べるだけではなく、インシデント・コマンド・システム（ＩＣＳ）のように、いざというときの情報・指揮系統を標準化しておくなどの基盤整備も進める必要があるでしょう。

同時に、英国政府が提供しているような、企業や地域社会、個人のレジリエンスを高めるための考え方や枠組み、支援ツールなどを提供することによって、地域や組織、国民一人ひとりの意識や行動を促していくことも、今後真剣に取り組むべき重要な課題です。

第7章
折れない自治体や都市をつくる

これまでになかった温暖化の深刻な影響をはじめとするさまざまなリスクやハザードの台頭に対して、人々の暮らしを守る最前線にある自治体は、新しい考え方や取り組みを進めていく必要があります。

世界の中には、先進的にそういった取り組みを進めているところもあります。破滅的なハリケーンの被害を受けた米国のニュー・オーリンズ市や、もともと海抜よりも低い土地にあるため、海面上昇などの温暖化の影響への対策が急がれるオランダのロッテルダム市などがよく挙げられる例です。

また、まだレジリエンスの必要性に気づいていない自治体への呼びかけや、気づいたもののどのように進めたら良いかわからない自治体への支援提供のためのネットワークも生まれています。世界の先進的な動きをいくつか紹介しましょう。

◉米国の取り組み

その一つが、温暖化の章でも紹介した「アメリカのためのレジリエンスの高いコミュニティ」というキャンペーンです。これは、持続可能な開発に向けて取り組む自治体の国際組織である米国イクレイ、全国都市連盟、米国グリーンビルディング協議会、世界自然保護基金（ＷＷＦ）の４団体が力をあわせて立ち上げたものです。ウェブサイト(1)によると、これまで２１００の自治体、２万５０００人の自治体職員、１００万人の環境活動に携わっている人や関心ある市民とつながりをつくり出しているそうです。

このキャンペーンの背後にある問題意識は、「自分たちのコミュニティはリスクにさらされている」ということです。熱波や干ばつ、洪水、強烈な嵐などの頻度が高まっており、健康や安全、経済の繁栄や安心できるエネルギー、暮らしそのものへの脅威となりつつあり、多くの場合、地元の自治体が前線に立って、こういった課題に対応していかなくてはなりません。

キャンペーンのウェブサイトでは、次のように具体的な数字を挙げて、地域社会へのリスクの増大と、それに対するレジリエンスの重要性を呼びかけています。

- 2011年と2012年、米国は記録的な数の異常気象（熱波、干ばつ、ハリケーン、洪水など）に襲われ、被害額は推計1880億ドルに達しています。
- 2012年は、米国史上最も気温の高い年となりました。
- ハリケーン・サンディは100人以上の命を奪い、被害額は700億ドルを超えると見積もられ、750万人への電力供給が途絶しました。
- 米国人の5人に4人は、この6年間に1回以上、連邦政府が宣言を出した天候関連の災害が生じた郡に住んでいます。
- 異常気象は、コミュニティや地域の老朽化しつつあるインフラ（交通運輸、水、エネルギー、コミュニケーション）にストレスを与えています。

こういった災害や何らかの途絶が生じた際、最初に対応するのが地元の自治体です。地域社会を守る責任を考えたとき、異常気象の増加に目をつぶることはできません。

異常気象の直接的な影響だけではありません。たとえば、日本でも、特に3・11後、電力料金が上昇しつつあります。東京電力管内でいえば、3・11後の3年間で電力料金は30％も上がっています。このように、何かが発生した影響で電気料金が高騰すると、地域の暮らしにも企業活動にも、大きな影響を与えます。こういった電力やガスの料金は自治体や市民にはコントロールできません。それは大きな不安要因となります。

そこで、このキャンペーンでは、「エネルギーを安心して使えるよう、コントロールを地元の手に取り戻す必要がある」として、地元レベルでの省エネと再エネの取り組みを進めています。

キャンペーンでは「レジリエンス構築のための4つの道[2]」を推進しています。

「レジリエンス構築のための4つの道」

①温暖化と異常気象への備えをする

・熱波や大気汚染から、干ばつや洪水まで、異常気象や気候の変化に対して、地域がどのくらい脆弱かを評価する

・脆弱な住民や天然資源を、極端な天候などの温暖化の影響から守るための備えの施策を採り入れ、実行する

・破壊的な異常気象をもたらす二酸化炭素の排出を減らし、温暖化の悪化を食い止め、さらに深刻な

温暖化の影響に適応するためのコストを回避する

②再生可能エネルギーと省エネを拡大する

・エネルギーの対外依存度を減らし、価格高騰から地域社会を守り、熱波などのときにもより信頼できる電力を確保するために、再生可能エネルギーへの移行を進める。その過程で、新規雇用を創出する

・住民、企業、行政がお金とエネルギーを節約し、二酸化炭素排出量を減らし、深刻な気象状況の間の電力網への需要を減らすために、省エネプログラムを実行する

③インフラを更新・強化する

・異常気象などの脅威に対して、重要なインフラを改善・保護する

・民間部門の関与を通じて、改善の資金を提供し、地域社会の資産へのリスクを管理するための新しいモデルをつくり出す

・パフォーマンスを最適化し、より効率的な運用を通じてコストを低減するために、ITとグリーン・インフラのイノベーションを活用する

④地域経済を強化する

・異常気象から企業を守り、エネルギーや水などの重要な資源への安定したアクセスを保証すること

によって、投資を保持し、惹きつけるよう取り組む
・クリーンエネルギー、先端的な製造業、地元の農業などの部門における雇用創出を通じて、不景気に対するレジリエンスに富んだ、より多角化した地域経済をつくり出すため、民間部門を支援する

また、「温暖化に伴う異常気象の伝え方ガイドブック[3]」などのツールを無償で提供し、自治体のレジリエンス向上の取り組みを支援しています。

このキャンペーンだけではなく、近年米国では、自治体のレジリエンスへの取り組みが急速に広がっています。ハリケーン・カトリーナやサンディ、9・11、リーマン・ショックなど、さまざまな衝撃や脅威を実感したからこその動きではないかと思います。

「この15年ほど、米国の自治体は〝持続可能性〟を目標に設定し、その達成のための施策やプログラムを実施してきました。最近では、特に異常気象や金融危機などの被害を受けた地域を中心に、〝レジリエンス〟も目標に含める自治体が出てきています」として、ポスト・カーボン・インスティチュートというNGOが「何に対するレジリエンスか？　米国の先進自治体はどのようにレジリエンスを理解し、行動しているか[4]」という興味深い調査を行っています。

さまざまな地域・規模の14の自治体を対象に、どのようなリスクや脆弱性を認識しているか、対策はどのようになっているかを調査した結果、「レジリエンスとは、単なる災害への備えよりも広範なものである」と理解されていること、レジリエンスの構築はすでに、自治体のサービス提供の重要な一部と見られていること、レジリエンスの構築にとって、時間と資源の不足が最大の障害と考

えられていること、市民の「もっと備えが必要だ」という声がレジリエンス構築の行動に大きな影響を与えていることなどがわかりました。

「レジリエンス」という概念が行政の施策などに入ってきたのはつい最近であることを考えると、かなりのスピードで施策化や実施が進められていることがわかります。この調査報告書では、次のようにその必要性が説明されています。

米国中の地域社会が、21世紀の大きな課題に直面しています。地球温暖化の影響、安価な化石燃料の終焉、低成長またはゼロ成長経済へのシフト、天然資源の枯渇の加速などです。こういったグローバルな問題が姿を現すのは、地域の環境・社会・経済的な脆弱性としてです。温暖化は、さらに異常気象を増やし、人々の安全や私有財産を脅威にさらします。安価な化石燃料の終焉は、公共インフラ、サプライチェーン、ビジネスモデルに埋め込まれてきた前提や期待の仕切り直しを求めています。経済のグローバル化とテクノロジー化が続くにつれ、雇用や資本がさらに移動しやすくなりますが、こういった現実に多くの地域社会は備えができていないか、的確に対応することはできていません。

こうした状況で地域社会に求められるのがレジリエンスです。通常、ハリケーンや地震などの単発の災害から「立ち直る」力を指しますが、より深いレベルでは、状況の変化に適応していく力も意味します。

地域社会にとって、21世紀の問題に対するレジリエンスを構築するとは、環境面、社会面、経済面のさまざまな要因の変化を予期すること、地元にとってもろい部分を具体的に見つけること、学びと適応を可能にするよう、公共サービスや意思決定を再構築することを意味します。

◎地域社会のレジリエンスを生み出す七つの原則

The Resilience Imperative(5)という書籍で挙げられている「地域社会のレジリエンスを考える上でのキーポイント」を七つ、紹介しましょう。

①**多様性**：レジリエンスに富む地域社会は、文化や経済活動、土地のあり方など、さまざまな形での多様性を支え、保ちます。多様性によって、システム崩壊のリスクを減少しつつ、適応とイノベーションを増大することができます。

②**モジュール化**：レジリエンスに富む地域社会は、お互いに他の地域と関係なく機能できる、分散型の構成となっています。緊密につながっているのではなく、それぞれの要素は並行して機能し、互いに重複することができますが、システムの他の部分とは独立して機能します。

③**社会関係資本**：レジリエンスに富む地域社会は、地域の人々が力を合わせて、難しい状況や何らかの途絶などに対応するための信頼、リーダーシップ、能力をはぐくみます。

④**イノベーション**：レジリエンスに富んだ地域社会は、学びと探索、適応を促進し、大事にします。

そして、皆がさまざまに実験できる環境をつくり出します。

⑤**重複**：レジリエンスに富む地域社会は、リスクを最小化するために、経済的な効率よりも冗長性や重複を優先します。

⑥**緊密なフィードバック・ループ**：レジリエンスに富む地域社会は、社会的、環境的、経済的な一線を超えてしまう前に、その一線を認識できるよう、しっかりしたフィードバック・ループをはぐくみ、維持しようとします。

⑦**生態系サービス**：レジリエンスに富む地域社会は、自分たちの活動が生態系に与える影響を、「見えないだれか」に押しつけておしまいにするのではなく、しっかり考えます。

◉都市のレジリエンスを高める

100年前には、都市に住んでいる人は10人に1人でしたが、今では、世界人口の半分以上が都市に住んでいます。国連では、2050年には4人に3人ほどが都市住民になると予測しています。今後、都市部での人口増加の大部分は、すでにさまざまな問題を抱えている発展途上国で生じますが、同時に、先進国の都市化も進行中です。

そこで、地域や自治体のレジリエンスを考える中でも、特に「都市のレジリエンス」を考え、手を打っていこうという動きが世界のあちこちに出てきています。

これからの世界が直面するであろう、強烈なハリケーンや台風、洪水や干ばつといった温暖化の影響や、地震や津波、火山の噴火などの自然災害、リーマン・ショックのような金融危機、そして、先進国では日本を先頭に進行しつつある高齢化と人口減少などのさまざまな変化に対して、都市は増え続ける人口を支えながら、対応していかなくてはなりません。世界中の都市を、災害にもその他の脅威やリスクにも強い都市にしていく必要があります。都市のレジリエンスを高めることが大きな課題なのです。

こうした問題意識から、世界のあちこちでさまざまな取り組みが展開しつつあります。特に、ハリケーンや金融危機などで大きな被害を受けた地域では、「次のハリケーンや金融危機にいかに備えるか」という切迫感から、都市のレジリエンスを高める動きが盛んになっています。

個々の都市が自分たちの都市計画やさまざまな計画に「レジリエンスの側面」を織り込むようになっているだけではなく、都市のレジリエンス強化に関する情報や先進事例を共有することで、その動きを加速しようという場やネットワークもいくつもできています。

◉世界の自治体リーダーが集まる、「レジリエンスに富んだ都市」国際会議

その一つが、2010年から毎年ドイツのボンで開催されている「レジリエンスのある都市──都市部のレジリエンスと適応に関する年次グローバルフォーラム」という国際会議です。

この国際会議は、世界84カ国から1000を超えるさまざまな規模の自治体が参加する持続可能性をめざす自治体協議会（イクレイ）、気候変動に関する世界市長・首長協議会と、ドイツのボン市が共同で立ち上げたものです。

会議には毎年、自治体リーダーや温暖化への適応の専門家など500人以上の参加者が集まり、都市のリスク、レジリエンスのある都市のロジスティクス、都市のレジリエンス向上への資金調達、都市農業、スマート・インフラなど、世界中の都市が直面する課題について議論し、情報や事例を共有しています。

また、「どのように都市のレジリエンスを高めるか」という自治体リーダーのためのハンドブック[6]を出すなどして、自治体の取り組みを後押ししています。

◉ロックフェラー財団の取り組み

こうした都市のレジリエンス向上に向けた動きを応援し、さらに加速すべく、2013年にロックフェラー財団が「100のレジリエンス都市」[7]という、世界の100都市のレジリエンスを高める取り組みを支援する、1億ドルのプロジェクトを始めました。

プロジェクトの呼びかけにはこのように書いてあります。

自然災害や人為的な衝撃やストレスが増えているにも関わらず、多くの都市はそういった災害に対応し、持ちこたえ、しなやかに立ち直る準備ができていません。

2050年には人口の75%以上が都市に住む時代。官・民のリーダーたちはレジリエンスを高めたいと思っていても、多くの場合、貧困層や脆弱な人々のニーズに対応できる形で、市全体でレジリエンスを高める戦略を構築したり実施したりするための技術的な専門知識や財政的な資源を持ち合わせていません。

そこで、ロックフェラー財団では、100の都市が21世紀の大きな課題によりよく取り組めるよう、世界中の都市に「100のレジリエンス都市」チャレンジへの参加を呼びかけます。

選ばれた各都市は、以下を得ることになります。

①「100のレジリエンス都市ネットワーク」のメンバーとなり、サポートを受け、レジリエンスの取り組みの新しい知識や実践を共有することができます。

②市のレジリエンス戦略構築のための「CRO:チーフ・レジリエンス・オフィサー(最高レジリエンス責任者)」を雇用するサポートを得ることができます。

③レジリエンス計画を策定するためのサポート、実施のためのツールやリソースを得ることができます。

さあ、いまこそ、わが都市が次の100年もチャンスの場でありつづけられるよう、行動すべき時です。

３年間で１００都市を選出することになっており、２０１３年12月、４００近くの応募都市から、最初の33都市が選出・発表されました。

□アフリカ：ダカール（セネガル）、ダーバン（南アフリカ）

□中央・南アメリカ：メデジン（コロンビア）、メキシコシティ（メキシコ）、ポルトアレグレ（ブラジル）、キト（エクアドル）、リオデジャネイロ（ブラジル）

□ヨーロッパ：ブリストル（英国）、グラスゴー（英国）、ローマ（イタリア）、ロッテルダム（オランダ）、バイレ（デンマーク）

□中東：アシュケロン（イスラエル）、ビブロス（レバノン）、ラマラ（パレスチナ自治区）

□北アメリカ：アラメダ（米国カリフォルニア州）、バークレー（米国カリフォルニア州）、ボルダー（米国コロラド州）、エルパソ（米国テキサス州）、ジャクソンビル（米国フロリダ州）、ロサンゼルス（米国カリフォルニア州）、ニュー・オーリンズ（米国ルイジアナ州）、ニューヨークシティ（米国ニューヨーク州）、ノーフォーク（米国バージニア州）、オークランド（米国カリフォルニア州）、サンフランシスコ（米国カリフォルニア州）

□オセアニア：クライストチャーチ（ニュージーランド）、メルボルン（オーストラリア）

□南アジア：スーラト（インド）

□東南アジア：バンコク（タイ）、ダナン（ベトナム）、マンダレー（ミャンマー）、スマラン（インドネシア）

この公募が始まったときに、私も自分の発行しているメールニュースやウェブサイトで日本国内にも呼びかけたのですが、1年目の選出都市には日本の都市は入っておらず、残念に思いました。2014年12月に発表された次の35都市には、日本からは富山市が選ばれています。

□アフリカ：アクラ（ガーナ）、アルーシャ（タンザニア）、エヌグ（ナイジェリア）、キガリ（ルワンダ）
□中央・南アメリカ・カリブ海地域：サンティアゴ・デ・カリ（コロンビア）、シウダー・フアレス（メキシコ）、サンフアン（米国）、サンタフェ（アルゼンチン）、サンティアゴ・デ・ロス・カバリエロス（ドミニカ共和国）、サンティアゴ首都圏州（チリ）
□ヨーロッパ：アテネ（ギリシャ）、バルセロナ（スペイン）、ベオグラード（セルビア）、ロンドン（英国）、リスボン（ポルトガル）、ミラノ（イタリア）、パリ（フランス）、テッサノリキ（ギリシャ）
□中東：アンマン（ヨルダン）
□北アメリカ：ボストン（米国マサチューセッツ州）、シカゴ（米国イリノイ州）、ダラス（米国テキサス州）、モントリオール（カナダ）、ピッツバーグ（米国ペンシルバニア州）、セントルイス（米国ミズーリ州）、タルサ（米国オクラホマ州）
□オセアニア：シドニー（オーストラリア）、ウェリントン（ニュージーランド）
□南・東南・東アジア：バンガロール（インド）、チェンナイ（インド）、徳陽（中国）、黄石（中国）、

プノンペン（カンボジア）、シンガポール（シンガポール）、富山（日本）

さて、選ばれた都市は、ロックフェラー財団の支援を受けて、CRO（チーフ・レジリエンス・オフィサー＝最高レジリエンス責任者）を指名し、発表することになっています。CROとは何でしょうか？

「現代の都市は、人口密度、気候変動、不安定な経済、社会の格差、移民、さまざまな資源の不足など、これまでになかった問題を抱えています。どの都市も、こういった衝撃やストレスに対して持ちこたえ、しなやかに立ち直ることができるよう、『レジリエンス戦略』を策定・実行する必要があります。このレジリエンス戦略を推進するのがその自治体のCROです」と述べられています。

CROは、市長直属のトップレベルのアドバイザーとして、市にとってのレジリエンスのビジョンを描き、部門を超えて、また地元コミュニティとともに、イノベーションを最大化し、予期せぬ出来事の影響を最小化する役割を担います。

CROに必要なスキルとして、次のものが挙げられています。

①リーダーシップ
②地元を巻き込む力
③グローバルな場で、市を代表し、情報や先進事例などを共有する力
④部門やセクターを超えて機能する力

⑤起業家精神
⑥効果的なコミュニケーション能力
⑦プロジェクト・マネジメント

そして、2014年4月、世界初のCROがサンフランシスコに誕生しました。世界初のCROとなったパトリック・オッテリーニ氏は、「CROの役割は、環境や持続可能性の部門のトップとどう違うのか?」という質問に対して、このように答えています。

レジリエンスはすべてを包含する考え方なので、単なる持続可能性ではなく、単なる地震に対する安全性でもありませんし、単なるエネルギーの安定供給でもありません。こういったものをすべて合わせたものなのです。それぞれの分野の専門家や担当部門をコーディネートする役割だと思っています。

市のレジリエンス向上は、行政や住民だけで取り組めるものではありません。サンフランシスコのベイエリアには多くのハイテク企業が集まっています。こういった企業は24時間オフラインというわけにはいきませんから、「何かあったときに企業がどのようにきちんと備えができているか」も推進していきます。

◉レジリエンスのあるシステムに共通する特徴

ロックフェラー財団では、この「100のレジリエンス都市」プロジェクトに先駆けて、数年にわたってレジリエンスに取り組んできました。ハリケーン・カトリーナの来襲後は、ニュー・オーリンズ市を支援して、レジリエンスの向上も視野に入れた、計画・開発・投資の枠組みを構築する手助けをしました。また、ベトナム、タイ、インドネシア、インドの4カ国のいくつかの都市のレジリエンスを高めるためのネットワーク「アジアの都市の気候変動レジリエンスネットワーク」を立ち上げて活動しています。

そして、このような取り組みからわかってきたこととして、レジリエンスのあるシステムに共通する特徴を五つ、挙げています。都市に限らず、レジリエンスを考える上でのヒントとなります。

レジリエンスのあるシステムに共通する五つの特徴

①**継続的な学習**：しっかりしたフィードバック・ループで過去の経験を内在化する力。それによって、先を見る力を得、新しい解決策を生み出すことができる

②**迅速な立ち直り**：機能を確立・組織し直し、長期的な混乱や途絶を避ける力

③限度のある（安全な）失敗：うまくいかない状態がシステム全体に波及しないようにする

④柔軟性：災害に直面したときに、変化・進化し、代替戦略に適応する力

⑤予備能力：システムの重要な部分がうまくいかなくなったときのために、バックアップや代替策が使えるようにしておく

このように、自治体や都市のレジリエンスを高める取り組みやネットワークが盛んになってきています。日本の自治体や都市でもそういった取り組みに着手し、世界のネットワークとも情報や経験、知恵の交換をするところが増えてくることを願っています。

第8章

住民の力で、何があっても折れない地域をつくる

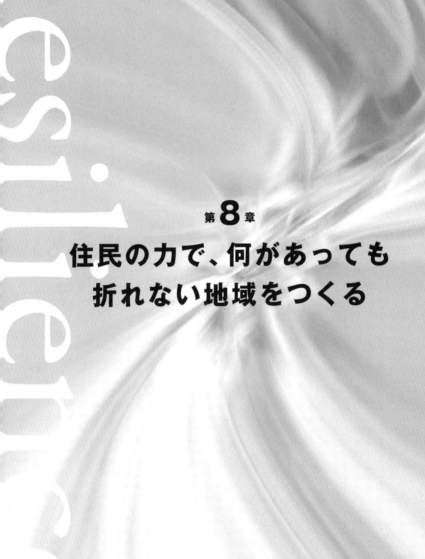

◉地域の経済・社会のレジリエンスが求められる時代

前章では、主に災害に対するレジリエンスを念頭に置いた自治体や都市、地域の取り組みを紹介しました。しかし、序章に書いたように、地域のレジリエンスが問われる「外部からの衝撃や撹乱」は、災害だけではありません。

化石燃料である石油がじょじょに（枯渇してなくなるまえに、価格高騰によって）使えなくなる事態も、「安価な石油」をベースに築いてきた経済や社会にとっては、大きな衝撃や撹乱要因となります。また、リーマン・ショックのような金融危機や経済危機がまた起こる可能性もあります。リーマン・ショックを引き起こした根本的な原因にはほとんど手が打たれていないためです。

そして、米国元副大統領のアル・ゴア氏が、今後の世界を形作っていく六つの動向について詳しく分析した『アル・ゴア　未来を語る』[1]で、まっさきに取り上げているのは、「世界経済がますますグローバル化・相互依存性を高めていること」です。その結果として、かつてなかったほど、経済が不安定になっていると述べています。

グローバル化した世界では、どんな地域も相互依存の網の目の中にありますから、地球の反対側であっても、どこかで何かが起こったら、その影響は相互依存のつながりをたどって伝播し、備えをしていない地域に大きな打撃を与えることも考えられます。そういった事態を回避することができないとしたら、地域はどのような「備え」をしておくべきなのでしょうか。

前章で取り上げた地域のレジリエンスは、災害などの「急性の衝撃」に対する対応というイメージですが、ここで述べている「石油が使えない時代がくる」「金融危機や経済危機の影響を受ける」といったことに対するレジリエンスは、「体質改善」のイメージでしょうか。通常の暮らしや経済・社会に、何かを「対応策」として付け加えるというより、暮らしや地域の経済・社会の「体質」自体を、よりレジリエンスの高いものに変えていく、という意味です。

安価な石油の時代が終わり、相互依存度の高いグローバル経済が不安定になるとしたら、地域は自衛のための体質改善として、「石油依存度を下げる」「地域経済の自立度を高める」必要があるでしょう。また、「代替の交換手段を持つ（地域通貨など）」ことも役に立つ場面が出てくるかもしれません。

まずは、地域のレジリエンスについて、世界各地で先進的な取り組みを展開しているトランジション・タウンやトランジション・イニシアティブについて見ていきましょう。

◉トランジション・イニシアティブの取り組み

「石油価格が上昇し、それにつれて電気代も上がりつつある。どうしたらよいのだろう？　何ができるのだろう？

20年後、世界はどのようになっていると考えますか？」

「温暖化も石油もない時代への移行（トランジション）を進める町や地域」への取り組み、トランジション・イニシアティブです。こういった取り組みを進めている町を「トランジション・タウン」と呼び、現在、世界中で500カ所以上、日

表8−1　レジリエンスの視点の有無による取り組みの違いの例

レジリエンスを加えない	レジリエンスを加える
中央集中型リサイクル	地域でのコンポスト
装飾的な植林（例：ミレニアム・フォレスト）	生産性の高い木の植林
有機植物を国際的に調達する	地産のものに特化した調達を地域で行い、新しい産業の台頭の後押しをする
輸入「グリーン建築」建材	地産建材に特化する（コブや麻など）
低エネルギー建築	地域のパッシブハウス
カーボン・オフセット	地域コミュニティ投資
倫理的投資	地域通貨
合唱音楽のCDを買う	地域の合唱団で歌う
CATVのスポーツ・チャンネル	サッカーをする
消費主義	相互依存

（ロブ・ホプキンス著『トランジション・ハンドブック―地域レジリエンスで脱石油社会へ』より）

本でも20カ所以上で取り組みが進められています。

この動きを立ち上げ、考え方の枠組みをつくったロブ・ホプキンス氏の問題意識と考え方を『トランジション・ハンドブック―地域レジリエンスで脱石油社会へ[2]』から、図や表も含めて紹介しましょう。

◎二酸化炭素の排出を下げたり、リサイクルをするだけでは効果はない

温暖化対策として二酸化炭素の排出量を大幅に削減したり、資源をリサイクルするなどの取り組みは必要ですが、ただ温暖化対策やリサイクルをするだけではなく、同時に、レジリエンスを高めることを考えないと、地域にとっての効果はない、と考えます。地域や家庭の二酸化炭素排出量を半減することはできたとしても、それでも、「石油のない明日」に対する脆弱性は変わらないからです。上の対比表（表8−1）を見ると、「さまざま

図8-1　歴史の中の石油期

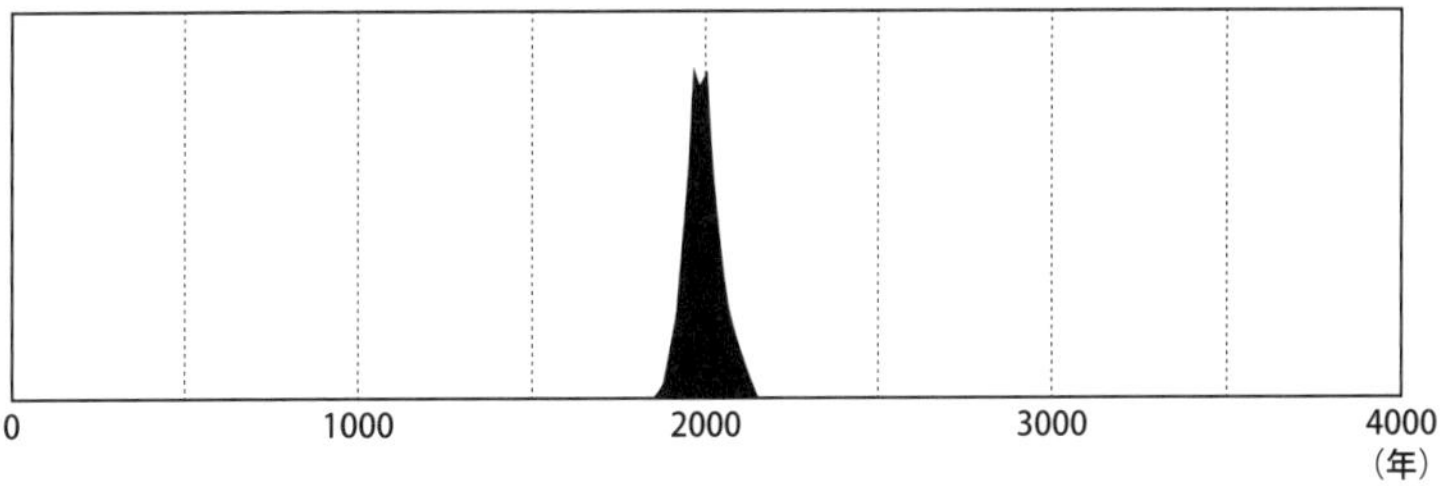

（ロブ・ホプキンス著『トランジション・ハンドブック―地域レジリエンスで脱石油社会へ』より）

な取り組みにレジリエンスの視点を加えること」の違いがわかるでしょう。

◎問題は、石油依存度の高さ

経済のグローバル化は、安価な石油によって可能になったものです。日本でも世界でも、石油は発電用などにはそれほど使われておらず、主に、輸送燃料として使われています。発電のためには、再生可能エネルギーなどの代替がありますが、輸送分野では、現在使っている規模での輸送燃料として石油に取って代われるものは今のところありません。

私たちは、安価な液体燃料が手に入るという前提で、食料供給システムを構築し、大量のエネルギーを使って、食料や他のモノをあちこちに移動させてきました。しかし、「歴史の中の石油期」のグラフ（図8-1）が示すように、石油をこれほど潤沢に消費するのは、人類の歴史上、ごく一瞬の時代だけになるでしょう。私たちはたまたまその時代に生まれ育っているので、それが当たり前のように感じていますが、実際には当たり前ではなく、このまま続くわけでもないのです。

液体燃料の価格が上昇し始めるとき、もう一度、私たちは地域を強く意識した生活をするようになるでしょう。また、「安い石油が入ってこなくなったら、暮らしはどうなるのか?」という問題は、毎日の生活と密接に関係しているため、多くの人にとって温暖化問題よりもこころに響く、とホプキンス氏は述べています。

◎「リローカリゼーション」の必要性

こういった状況に対し、「リローカリゼーション」が重要になってきます。リローカリゼーションとは、「ふたたびローカルへ」という意味ですが、あるレポートでは「地方、郡、都市、または自宅周辺が、グローバル経済への過剰依存から脱し、それ自身の資源を投資して、地域の金融・自然・人的資本から、消費するモノ、サービス、食料、エネルギーのかなりの部分を生産するプロセス」と定義されています。グローバル経済への依存度を減らし、その分、地域で地域による地域のための生産・消費を増やすという動きです。

「入るのもゼロ、出るのもゼロ」の経済をつくろうとしているわけではなく、できるところでは経済のループを閉じ、できるものは地域で生産しよう、という考え方です。石油の枯渇とともに輸送燃料が値上がりして、今日のような「地球上のどこからでも運んでくる」ことができなくなっていくとしたら、輸入品に替わって、地域で生産されるものが増えていくのは必然でしょう。コミュニティのレジリエンスの再構築は、食物から開始するのがもっとも理にかなっていますが、次に続くのは、建材、織物、木材、エネルギー、そして通貨だとしています。

「現在のグローバル化・中央集中化した供給システムが安価な液体化石燃料に全面的に依存しており、この燃料の不断の供給と安価の継続がますます疑わしくなっていることを考えると、私たちが意識的に行わなければならないのは地域生産システムの創造です」とホプキンス氏は述べています。

◎地域経済のレジリエンスが重要

地域経済のレジリエンスが向上するということは、外に向かって地域を閉ざすことでも、商業を否定するものでもなく、昔の「よき時代」へただ回帰することでもありません。それは、無駄の少ない、より自立的な未来に向かって備えることなのです。

どの国でも地域でも、かつての地域経済は今よりもずっと多様性とレジリエンスに富んでいました。自分たちの食べるものもエネルギーも、そのほとんどはその地域から得ていたはずです。ほとんどのモノやサービスはある範囲内で生産され、やりとりされていました。それぞれの地域に、独自の生産の場や取引の場（田畑や商店、工場など）がありました。

現在の地域経済は、多くの場合、そういった独自性を失い、生産者にとっても消費者にとっても、地域内にいるお互いを相手にするよりも、地域外の相手との取引が当然であり、重要であるようです。英国の新経済財団の調査では、調査対象の103の村や町のうちの42％が「クローン・タウン」（個性ある商店街が、退屈で味気ないグローバルチェーンや全国チェーンに取って代えられた場所）になっているそうです。

ホプキンス氏の言葉を借りると、「地元ビジネスは瀕死の状態にありますが、私たちときたら、今やっと、その重要性とそれがコミュニティと地域経済にもたらすレジリエンスに気づきはじめたばかりなのです」。

◎「トランジション・イニシアティブ」の将来予測と進め方

こうした問題意識から、コミュニティを持続可能にしようとする新しい運動「トランジション・イニシアティブ」が、発祥の地である英国を中心に、世界各地で展開しています。

「トランジション・イニシアティブ」では、次の四つの将来予測を前提としています。

①劇的に少ないエネルギー消費で生活しなければならなくなる。そして、その時が来た時に驚くよりも、前もって準備しておいたほうがよい。
②私たちの生活やコミュニティは現在、レジリエンスを欠き、ピーク・オイルにともなって起こる深刻なエネルギーショックを乗り越えることができない。
③私たちは手を取り合って行動しなければならず、また、今すぐに行動を開始しなければならない。
④私たちが周りの人たちといっしょに力を合わせれば、みんなの創造力で、私たちのエネルギー消費

の削減方法を積極的に考え、計画できるようになり、そうすることで、お互いが絆を感じ、助け合い、地球の限りある生命を意識する生き方ができるようになる。

「低エネルギーでレジリエンスの高い将来の生活が、現在の生活より質が低くなる理由はどこにもなく、実際には、地域経済が再び活性化した未来には、人々が今より幸せで、ストレスが少なく、改善された環境の中で、より安定した生活を送るなど、現在よりたくさんの利点がある」としています。

『トランジション・ハンドブック』では、「トランジションの12ステップ」として、次の12のステップについて、詳しく進め方や留意点を述べるとともに、実際に使えるワークや活動なども紹介しています。

「トランジションの12ステップ」

①コアグループをつくり、その解散を予め計画する
②問題意識を高める
③土台作り
④「大お披露目会」を開催する
⑤ワーキング・グループの形成

⑥オープン・スペースの活用
⑦実践的で目に見える成果を残す
⑧基本的技能の再習得を促進する
⑨地方行政との架け橋をつくる
⑩お年寄りを大切にする
⑪流れに任せる
⑫エネルギー消費削減行動計画の作成

◎トランジションの取り組みでの「レジリエンス指標」

「ある町や地域のレジリエンスが高まっているのか」をどうやって測ったらよいのでしょうか？トランジション・イニシアティブでは、次のような指標を例として考えています。しかしこれらは、「それを測るべき」「それで地域のレジリエンス度が測れて、他地域と比較できる」というものではなく、あくまでも考えるきっかけです。「ほかにもありませんか？」と、地域で考えていくことを促しています。

地域のレジリエンス指標の例

・地元で生産される食料の割合

・16歳の少年少女が、10種類の異なった野菜を一定の基準を満たして栽培できる量
・地元で消費される生活必需品のうち、地元、または一定の圏内で生産されたものの割合
・住宅建築に使用される建材のうち、地域の建材の比率
・その地域で生産された薬品を地域で処方する比率
・地元の人が所有するビジネスの割合
・地域住民が地域で雇用されている割合
・地元で働く人たちの通勤距離の平均
・地元に住み、地域外で働く人たちの通勤距離の平均
・地元で供給されるエネルギーの割合
・地元から出るコンポストが可能なゴミのうち、実際にコンポスト化されている割合
・地元で流通する通貨に占める地域通貨の割合
・地元のコミュニティのトランジション活動への参加度

◉地域のレジリエンスを高める三つの切り口

地域のレジリエンスを高めるために必要だと考えられる「化石燃料への依存度を下げる」「地域経済の自立度を高める」「代替の交換手段を持つ（地域通貨など）」という三つの切り口から、地域の取り組みやその枠組みを見ていきましょう。

表8-2　地域の対外エネルギーの支払い（徳島県佐那河内村（人口約2500）の場合）

		消費量	単位	熱量 GJ	構成比 %	原油換算 kl	対外 支払い	構成比 %
電力		10,528	MWh	37,901	21.7	992	2億2,000万円	29
石油製品	LPガス	219	t	10,986	6.3	288	7,000万円	10
	ガソリン	1,790	kl	61,930	35.4	1,621	2億6,000万円	36
	灯油	560	kl	20,543	11.8	538	5,000万円	7
	軽油	668	kl	26,512	14.6	668	8,000万円	12
	重油	455	kl	17,785	10.2	466	4,000万円	5
合計			—	174,657	100	4,572	7億1,000万円	

（2011年村役場による全常会調査より）

①化石燃料への依存度を下げる

上の表（表8－2）は、東京農工大学名誉教授の堀尾正靭氏から資料としていただいたもので、徳島県の人口約2500人の村が対外的に支払っているエネルギー代金を示しています。2500人という小さな地域なのに、7億円ものお金をエネルギー代として支払っていることにびっくりしませんか。いうまでもなく、そのほとんどは、地域外へ、国外へと流出するお金です。他の地域も同じような感じでしょう。

化石燃料が枯渇するにつれて、その値段は上がっていきますから、依存度が変わらないかぎり、日本の地域が対外的に支払うエネルギー代は上がっていくでしょう。そして、これだけ依存しているということは、何かあったら（中東での紛争やホルムズ海峡の封鎖など）、この地域も他地域と同じく、暮らしも地域経済の多くが麻痺状態に陥ってしまうのではないでしょうか。

『里山資本主義』[3]が数十万部という売れ行きとなっている背後にも、こういった問題意識があるのでしょう。同書では、食料、水、燃料（エネルギー）、お金などの確保の見通しが不確実・不安定になってきたという問題意識から、オーストリアの「ギュッシングモデル」を紹介しています。

1990年、人口4000人の町、ギュッシングの議会は、全会一致で、エネルギーを化石燃料から木材に置き換えていくことを決定しました。それまで地域の外に支払っていたエネルギー代を試算すると、毎年600万ユーロが流出していたのですが、「脱化石燃料宣言」から10年余りで、70%以上のエネルギー自給を達成し、2005年時点で、お金の流れは完全に逆転、地域全体で1800万ユーロの売り上げとなったとのこと。

「エネルギーを利用する自分たちがエネルギーの値段を決める」「原油価格など世界市場の動向に左右されない」という強みが人々の自信や安心感につながっていることが想像できます。そして、安価で安定した熱や電気を求めて、13年間で50もの企業がやってきて、人口4000人の町に、計1100人もの雇用が創出され、出稼ぎに行く人も減ったそうです。

この取り組みは、「経済を自分たちの手に取り戻そうとする闘い」「エネルギーという非常に大切な分野において、ある程度の主導権を握ること」で、そこから、地域の「経済的安定」がつくり出されていると書かれています。

「里山資本主義」とは、「お金の循環がすべてを決するという前提で構築された『マネー資本主義』の経済システムの横に、こっそりと、お金に依存しないサブシステムを再構築しておこうという考え方」「お金が乏しくなっても水と食料と燃料が手に入り続ける仕組み、いわば安心安全のネットワークを、予め用意しておこうという実践」と説明しています。「実践が深まれば、お金で済ませてきたことの相当部分をお金をかけずに行っていくことも可能に」なるとして、お金に依存する割合の低減も視野に入っています。

また、「里山資本主義がマネー資本主義に突きつけるアンチテーゼ」として、

・「貨幣換算できない物々交換」の復権

・「規模の利益」への抵抗

・「分業の原理」への異議申し立て

を挙げています。グローバル経済は「国際的な水平分業と、規模の経済の考え方に基づき、すべて市場で取引される貨幣価値で評価する」ものですから、グローバル化や相互依存の高まりから距離を置くことを求める考えであることも明らかです。

「エネルギーの地産地消」は、特に3・11のあとエネルギー情勢が不安定となり、また2012年から再生可能エネルギーを高く買い取ることを電力会社に義務づける「固定価格買取制度」が始まってから、よく聞かれる言葉となりました。多くの自治体や地域で、太陽光発電や風力発電など、再生可能エネルギーによる発電に力を入れています。また、一般の家庭でも、屋根にソーラーパネルを載せるなど、「エネルギーの自産自消」も広がってきました。

こういった自治体や地域の動きは、温暖化への取り組みとしても必要である一方、化石燃料の輸入に依存し、エネルギー自給率の低い日本にとって、「CO_2の少ない再生可能エネルギーを増やす」「国産エネルギーを増やす」という意味でも、とても有効であり重要な取り組みです。一方、ソーラーパネルや風車が設置される地域のレジリエンスの観点からはどうでしょうか？

レジリエンスの観点からは、「どれだけたくさんの再生可能エネルギーが生産されているか?」よりも、「再生可能エネルギーをつくることで、域外からのエネルギーが途絶したときにも、地域の重要なインフラや経済、暮らしが続けられるようになったか?」のほうが重要だと考えられます。

たとえ、メガソーラーや風力発電ファームで大量の再生可能エネルギーを生産していたとしても、それがただ域外（首都圏などのエネルギーの大消費地）へ送り出されるだけだとしたら、売電料金の一部は地域に入ってくるかも知れませんが、地域のエネルギー自給率を高めるというレジリエンス向上には直接つながらないでしょう。ましてや、域外に本社を持つ企業などがメガソーラーや風力タービンを設置している場合には、わずかな土地使用料や固定資産税などを除いて、売電料金の多くも、本社のある域外へと流出してしまいます。

これからも日本各地での再生可能エネルギーへの取り組みは広がっていくことでしょう。「地域づくり」につなげる取り組みも増えつつありますが、ぜひ多くの取り組みが地域のレジリエンス向上にもつながるものになることを願っています。

②地域経済の自立度を高める

世界や日本のどこかで「何か」が起こって、食料やモノ、エネルギー、お金などの流れが途絶したとき、あなたの地域はどのくらい持ちこたえることができるでしょうか?

レジリエンスをつくり出す要素の一つ「モジュール性」は、何かあったときに、それまでつながっていた全体から自分たちを切り離して、自分たちだけで営みを続けていけるかどうか、です。ふだんは日本経済やグローバル経済とつながっていても、いざというときには、それらから切り離して、自分たちだけでやっていくためには、何が必要でしょうか?

まず、基本的な食料や水、エネルギーは、ある程度、自分たちでまかなえるようになっていることです。また、中長期的な時間軸で考えるなら、食料や水、エネルギー以外の生活に必要な物資や、地域内の企業が操業を続けるために必要な物資も、ある程度は自分たちの地域でまかなえる必要があります。

それは、一朝一夕には実現しないでしょう。しかし、少しずつでもその方向に向かっていくためには、ふだんから、日本経済やグローバル経済とつながりつつも、ある程度は、自分たちの地域内の「生産と消費」の割合を確保しておくことを意識する必要があります。

そのためには、生産者は地域内の消費者のための生産を意識し、消費者は地域内の生産者の生産物を消費することを意識することです。そして、意識するだけではなく、少しずつでも行動に移して実践していくことです。

今後、生産や雇用の〝地産地消〟の割合を増やしていくことがますます大事になってきます。なぜなら、「何か」があって(それが金融危機による円暴落のような急性のものでも、エネルギー価格の上昇など慢性的なものでも)、モノやお金が流通しづらくなるとしたら、域外に雇用や生産・消費を依存している地域ほど、打撃が大きくなるからです。

その「何か」が短期間のうちに復旧・復興できるものなら、その期間耐えしのぐこともできるかも知れませんが、これから進むであろうと思われるエネルギー価格の上昇によって、人やモノの移動・流通コストが少しずつ上がっていくような状況では、「ある期間耐えしのげば元に戻る」ということはないでしょう。そういう状況が起こりうるリスクを考えれば、地域内で地域の人々の雇用や生産・消費がまかなえる割合を高めておくことは、地域のレジリエンス向上と安心感につながります。

トランジション・イニシアティブの「レジリエンス指標」の例として挙げた中でも、

- 地元で生産される食料の割合
- 地元で消費される生活必需品のうち、地元、または一定の圏内で生産されたものの割合
- 住宅建築に使用される建材のうち、地域の建材の比率
- 地元の人が所有するビジネスの割合
- 地域住民が地域で雇用されている割合
- 地元で供給されるエネルギーの割合
- 地元で流通する通貨に占める地域通貨の割合

などを高めていくことが、地域経済の自立度を高めることにつながります。

具体的な取り組みをいくつか見ていきましょう。

(a) 地域が支える農業(CSA:Community Supported Agriculture)

これは、地域の住民が地元の農業を支えるための仕組みの一つで、米国の「新しい経済のためのシューマッハ・センター[4]」の説明によると、1986年に米国マサチューセッツ州サウスエグルモ

ントのインディアンライン・ファームで、その農場主のロビン・ヴァン・エンが始めたと言われています。欧米を中心に何千という農家が参加する世界的な動きとして広がっています。

ＣＳＡの仕組みは、農家が年間の運営予算を組み、組合員となった市民はあらかじめその予算のある一定の割合（シェア）を支払い、その引き換えとして、毎週、農場からの農産物を受け取るというものです。

「天候に恵まれてバジルが豊作の年は、届けられるどの箱にもバジルが大量に入っている。しかしトマトの生育が悪い年であれば、トマトはゼロ。組合員は農家とリスクを分かち合い、そうすることにより地域の農産物の生育状況を知ることになる」のです。

シューマッハ・センターのあるバークシャーでは、「住民は、地元産の高品質で新鮮な食物を手に入れるためには、農家と連携して、農家の労働に対して適正な価格を保証し、気象条件の変化や作物の病気、設備の故障といったリスクを分かち合わねばならないということを理解している。バークシャーの住民は、そのとき手に入る野菜に合わせて料理をする習慣を身につけ、農場と農家の市場のスケジュールに合わせて買い物に行く必要があるということもよく分かっている」。

地域の農業を大事にするなら、遠くの国から空輸されるものではなく、その地域でその季節にとれるものをいただく、ということになります。消費者は、ＣＳＡへの参加によって、新鮮な野菜などを手に入れることができるほか、農業生産に直接参加できる満足感や土地とのつながりを感じることができます。

一方、生産者にとっては、天候などにより収穫が左右されやすいオーガニック農業でも財政的な安定が得られるほか、直接販売により高い収益性が得られる、消費者と近い関係性を築くことができ、市場での販売活動の負担が軽減されるなどのメリットがあります。

このように、地域の生産者と消費者が直接つながることで、生産者は市場の価格変動に左右されずに農業を続けられるという安心感が、消費者は何かあっても地元で食べ物を手に入れられるという安心感が得られます。

日本でも少しずつＣＳＡという考え方や実践が広がりつつあります。日本全体での食料自給率は、カロリー換算で40％と大変低いものです。東京などの大都市圏を含めた国全体の自給率を上げることはなかなか難しいとしても、「自分たちの地域の食料自給率」は高めていくことができるでしょう。そうすることで、地域のレジリエンスを高めることができます。

（b）地域が支える産業（ＣＳＩ：Community Supported Industry）へ

シューマッハ・センターでは、ＣＳＡの考え方をさらに一歩進め、「地域で営まれるほかの生産活動に同様の理解を広めようとしたら、どうなるだろうか？」と、「地域が支える産業」（ＣＳＩ）を提唱しています。

地元の家具工房、毛織物産業、アップルソースの缶詰工場などの小規模ビジネスを、地域住民が支えることはできるか、こうした産業が地元の若者に高賃金の職をもたらす「輸入に取って代わる」ビジネスを生み、その多様な生産活動・スキル・人々を生かし、環境保護に力を入れつつもバークシャーを活気ある状態に保つことは可能か、と考えているのです。

「地元のビジネスを市民が支える」という文化を築くためには、事業主、退職者、若者、投資家、組織のリーダー、役人、関係する市民の間で、次のようなことについて話し合う場が必要としています。

①まだ地元で生産していないもののうちで、どのような製品を地元で生産したらよいか。
②新事業が確実に成功するための条件作りに、市民はどのような形で手を貸すことができるか。
③その過程では、どのようなスキルの提供を受けることが可能か。ビジネスプランの作成や見直し、市場調査、用地の選定、設備の識別、指導、資金提供、認可、技能開発など?

CSIの一つとして、「地域が支える地ビール」が注目を集めています。Yes! Magazineに掲載された記事⑤から紹介しましょう。

「地域に支えられた地ビール」

米国のビール醸造所協会によると、米国の地ビール醸造所は2013年には約1500あり、その数は2012年から23パーセント増加しています。クラフト・ビールの人気が高まる中で、ビール醸造所の中には、農業のCSAモデルを用いて消費者好みの地ビールを特別に入手する方法を提供しているところが出てきているのです。

「地域に支えられた醸造所（Community supported breweries：CSB）」のシェアを購入すると、基本的に1カ月に一度、決まった量のビールを持ち帰ることができます。消費者が生産者から直接購入することで、ビールの生産者と消費者との関係が育まれます。CSBの会員資格は、半年か1年かを選べることが多く、割引や会員限定イベントなどの特典も含まれます。

醸造所にとっても、これはうまく機能するシステムです。「小規模な生産者にとっては、原料や梱包のために必要なお金を事前に受け取ることができ、（場合によっては）事前に人々が何を欲しているのかがわかり、そして人々が自らビールの受け取りに出向いてくれるのです」とウィスコンシン州マディソンのHouse of BrewsのオーナーのPage Buchanan氏はメールで説明してくれました。「つまり、『何をつくるべきかを知る』『それをつくるための原料を買う』、そして『最終消費者にビールを届ける』という難問を解決してくれるのです。効率がすごくいい」。

（c）地域経済への投資

もう一つの観点は、地域経済への投資を増やすということです。地域の人たちの投資で、地域の経済が活性化し、そのリターンは地域の人たちに戻るようになれば、域外に頼らずに、自分たちで地域経済を強め、自立度を増していくことができるでしょう。

その観点から、興味深い運動が米国で展開されています。「土から始まる。事業者は種。投資家は水。」というビジョンを掲げ、「地元の業者や食料事業に投資をしよう！」という、２００９年に始まった「スロー・マネー」運動です。

これまで、3900万ドルが米国中の367の小規模食料事業者に投資され、「スロー・マネー原則」に署名した人は3万人を超えています。「スロー・マネー投資」は、カナダのノバスコシア、スイス、フランス、ベルギーにも広がっています。21の地域ネットワークと13の投資クラブが立ち上がっています。

「スロー・マネー原則」とはどういうものでしょうか? ウェブサイトから紹介しましょう。

スロー・マネー原則

食料安全保障と食べ物の安全性とアクセスを高め、栄養と健康を改善し、文化的・環境的・経済的な多様性を促進し、〝地球から取り出して消費する〟ことの上に築かれている経済から、〝保全と修復〟を基盤とする経済への移行を加速するために、ここに以下の「スロー・マネー原則」を支持する。

1. 私たちは、お金を〝地に足のついたもの〟にしなくてはならない。

2. 速すぎるお金、大きすぎる企業、複雑すぎる融資というものがある。したがって、私たちのお金をスローダウンしなくてはならない――もちろん、すべてのお金ではないが、違いを生み出すのに十分な規模で。

3. 20世紀は、「安く買って高く売る」「いま儲けて社会のためのことはあとで」という時代だった――これをあるベンチャー投資家は「歴史上最大の合法的な富の蓄積」と呼んだ。21世紀は、地球の扶養力、コモンズ（共有物）への配慮、場所の感覚、非暴力の原則に基づく「はぐくむ投資」の時代となる。

4. 食べ物や農場、土壌の肥沃度が大事なのであれば、投資することを学ばなくてはならない。投資家を、その住んでいる場所につなげ、重要な関係性と、小規模な食料事業者への新しい資本源を創り出さなくてはならない。

5. 「大儲け」から「暮らし」への道を示している事業者、消費者、投資家たちの新しい時代を祝おうではないか。

6. ポール・ニューマンは「ふと思ったのだけど、人生や暮らしにおいて、私たちはちょっと農夫みたいになることが必要なんじゃないかな。取り出したものを土の中に戻す農夫のように」と言った。この言葉に込められた知恵を認め、その基礎部分から私たちの経済の再構築を始めよう。次の問いを考えてみよう。

※ もし私たちが自分の資産の50%を、住んでいる場所から50マイル（約80キロメートル）以内に投

資をしたとしたら、どんな世界になるだろうか？
※　新しい世代の企業が、その利益の50％を寄付するようになったら？
※　今から50年後には地中の有機物が50％増えているとしたら？

投資は、全国大会や各地で開かれるイベントを中心に集められます。全国大会は２００９年から実施されており、大会ではさまざまな講演が行われるほか、全米から集まった将来性のある食の事業者が、自分たちの事業についてプレゼンテーションを行い、投資を集めています。

たとえば、第２回の全国大会でプレゼンテーションを行ったバーモント州のグリーン・マウンテン・オーガニック乳製品販売所は、28万ドルの投資を受けています。全国大会ではこれまでに７００万ドル以上の金額を集め、35の小規模な食料事業者に投資しています。

またオンライン上にも、25ドルからという小さな金額からの寄付を受け付けるサイト「Gather-oud」を開設しています。このサイトに登録すると、さまざまな事業の中から自分がお金を寄付する事業を選ぶことができます。このお金は、事業者に３年間無利子で貸し付けられ、その後、回収されたお金は、将来の寄付や全国大会にまわされます。

『Compromiso Empresarial』という雑誌の２０１３年３・４月号では、スロー・マネー運動について「この２年の投資額２１００万ドルのうち１５００万ドルは、投資者の近隣の小規模事業への投資です。投資の〝近さ〟のおかげで、投資先に関わりやすくなり、投資先に対して自分の専門技能を活かした支援を行う会員も数多くいるということです」と紹介しています。

◉地域に入ったお金は地域で循環しているか？

「地域経済の自立度を高める」ためには、地域経済にどのくらいお金を呼び込めるか、と同時に、一度その地域に入ったお金がどのくらい地域に残り、循環するか、という視点が重要です。これまでは「企業誘致」など、いかに呼び込むかに注力することが多かったのですが、「一度入っても、すぐにその地域から出ていく」のでは、あまり効果的ではありません。特にレジリエンスの観点からは、何らかの外的な衝撃によって、対外的な交易が減る事態が想定されますから、地域の中でのお金の循環がより重要になってくるでしょう。

そういったときに、参考になるのが「地域内乗数効果」という考え方です。地域内乗数効果とは、地域に入ったお金が地域から漏れ出さずに人々の手に渡る場合、どの程度の効果があるのかを見るものです。

わかりやすくするために、ここでは、AさんとBさん2人のお金の使い方のパターンで比べてみましょう。Aさんは、よく地域の外で買い物します。それに対して、Bさんは、地域内で買い物することが多いです。この二つのパターンが続いた場合、AさんとBさんの同じ1万円という収入が、地域の経済に及ぼす影響はどれほど違うのでしょうか。

Aさんのパターンは、1万円のうち8000円を地域外のスーパーで使い、2000円を地域の八百屋やクリーニング屋で使うとします。この場合、地域に残るお金は20％です。Bさんの場合は、1万円のうち8000円を地域のパン屋や八百屋で使っているとします。この場合、地域に残るお金は80％です。それぞれの地域に残ったお金のうち、Aさんパターンでは80％が域外に出て行き、Bさんパターンでは80％が地域に留まることになります。このAさんのパターンとBさんのパターンが何度かくり返されると、どのような違いが生じるでしょうか？

まず、Aさんの「20％しか地域に留まらない」場合ですが、一巡目では1万円のうち2000円だけが地域に残ります。その2000円のうち、同じように20％が地域内に残った場合、地域に残るのは400円です。三巡目では地域に残るお金はたった80円です。これらの金額を五巡目まで足していくと、1万2499円となります。

20％が地域に留まる場合

1巡目：10000円→2000円
2巡目：2000円→400円
3巡目：400円→80円
4巡目：80円→16円
5巡目：16円→3円

最終的に地域内で使われるお金は

10000円＋2000円＋400円＋80円＋16円＋3円＋……＝約12500円

それに対して、「80％が地域に留まる」Bさんのパターンの場合、一巡目では1万円のうち8000円、二巡目では8000円のうち6400円、三巡目では6400円のうち約5100円が地域に残ります。Aさんのパターンに比べてたくさんの金額が地域内を循環していることがわかります。このパターンの場合、地域内に残るお金が100円以下になるのはなんと21巡目です。計算は省きますが、一巡目の1万円、二巡目の8000円と足していくと、最終的には約5万円になります。

80％が地域に留まる場合

1巡目：10000円→8000円
2巡目：8000円→6400円
3巡目：6400円→5120円
4巡目：5120円→4096円
5巡目：4096円→3277円
……

最終的に地域内で使われるお金は

10000円＋8000円＋6400円＋5120円＋4096円＋3277円＋……＝約50000円

同じ1万円でも、地域につくり出す経済価値は、Aさんパターンの場合は約1万2500円ですが、Bさんパターンの場合は約5万円です。つまり、同じお金を地域に持ってきたとしても、地域内でどのくらいお金が循環するかによって、これだけ大きな差が生じるのです。地域全体でこういったことを意識して、AさんパターンよりもBさんパターンを優先するようにしていけば、とても大きな効果が生まれることでしょう。

この地域内乗数効果も、そもそもお金がなければ機能しません。そのために〝水源〟としてのお金は必要です。地域への再生財政支援や企業誘致などはその水源の役割を果たします。ただ多くの場合は、残念なことに、地域にお金が入ってきても、その大部分は近隣の豊かな地域や都市に出ていってしまいます。本部が大都市にある大型スーパーマーケットで買い物をし、外部の建設会社に仕事を依頼することが多いからです。お金の効率的な管理に優れた超大手スーパーでは、売上はその日のうちに大都市にある本社の銀行口座へと送金してしまうところがあるほどです。

この「地域内乗数効果」の考え方から、「地域内でお金を使う」ことが「地域経済の自立度を高める」上で大きな意味があることがわかります。

③代替の交換手段を持つ（地域通貨など）

たとえば、経済危機や何らかの理由で、ドルや円の価値が暴落し、お金として使えなくなったら、どうしますか？

ドルや円が使えなくなっても、それらの通貨がつないでいたもの（モノやサービスを提供する人、モノやサービスが必要な人）は存在しています。そのとき、ユーロや円がないから動きがとれなくなってしまうのではなく、「何かが必要な人」と「その何かを持っている人」がやりとりできる「別の何か」があれば、暮らしや地域経済は継続することができます。ここでの「別の何か」は、代替通貨、補完通貨、地域通貨などと呼ばれる、その地域だけで使える通貨かもしれません。

実際、1920年代の大恐慌の時代にも、オーストリアをはじめ、世界各地で地域通貨がたくさん誕生しました。南米でもさまざまな地域通貨が使われ、地域の人々や経済を支えています。

地域通貨といっても、100％そちらに切り替える必要はなく、ふだんはユーロや円を使っていても、そのうちいくらか、それ以外の地域で流通する媒体を使いながら、いざというときにはもっと全面的に使える体制をつくっておくことは、「保険」としてレジリエンスを高めることになるでしょう。

厳しい経済危機に襲われたギリシャでも、2010年に港町ボロスでTEMという地域通貨の取り組みが始まりました。当初は50人で始まったそうですが、この地域通貨を利用するメンバーは2012年4月の段階で800人以上まで増えているそうです。TEMは、各自の口座がオンラインで管理される方式で、「TEM」という紙幣が存在しているわけではありません。メンバーはバウチャーの帳簿を受け取り、それを小切手のように使います。残高「ゼロTEM」からスタートし、モノやサービスを提供するとTEMを受け取ることができます。また、300TEMまでの貸出しを受けることも可能だそうです。

実際の使われ方をみると、食べ物、語学のクラス、子守り、コンピュータのサポートなど、さまざまなモノとサービスが売買されているようです。物々交換の仲介として、青空市（マーケット）で、ユーロの代わりに使えます。1TEM＝1ユーロです。そのマーケットでは、ユーロを持っていなくても、牛乳、卵、ジャムなど何でも買えます。

「ヨガクラスを提供して得たTEMを使って、マーケットでロウソクを買う」

「マーケットで子ども用の肌着を売って得たTEMで語学クラスを受講する」

などの事例が紹介されていました。

このTEMは、「ユーロと共生する地域通貨だが、万が一ユーロが使えなくなった場合でもTEMがある！という安心感をもたらしてくれている」とのこと。金融危機に対抗するレジリエンスの一つの手段としても位置づけられるでしょう。

そして、「昔の物々交換」を連想させる人々のつながりや、人々に「だれでも、売ったり、買ったりするものがある」ということに気がつかせる効果があるほか、メンバーは「社会に貢献している」という感覚を得ることができることも、利点だとしています。


本章では、地域のレジリエンスを高めることを目的に、実際にさまざまな取り組みを展開しているトランジション・イニシアティブの考え方を紹介するとともに、「化石燃料への依存度を下げる」「地域経済の自立度を高める」「代替の交換手段を持つ（地域通貨など）」という三つの視点から、考え方や実践例を見てきました。さまざまな意味での「多様性」と、いざとなったら切り離して自立運転ができる「モジュール性」を持ち、何かあったらすぐに対応できるよう「緊密なフィードバック」のしくみがある地域が、外的な衝撃にも折れずにしなやかに立ち直り、自分たちの営みを続けていける「レジリエンスの高い地域」なのです。

第3部

自分と家族のレジリエンスを高めるには

Resilience

第9章

折れない人生・
折れない暮らしをつくる

ここまで、「レジリエンス」という概念やアプローチを生み出した生態系や心理学での考え方や取り組み、それらをベースに、何かがあってもぽきっと折れることなく立ち直れるしなやかで強い人を育てる教育や家庭でのプログラム、温暖化や災害に対するレジリエンス、都市や地域のレジリエンスの取り組みを見てきました。

これらを踏まえて、私たち一人ひとりが、不安定で不確実な世界や社会の情勢に対する〝備え〟としてのレジリエンスを高め、「折れない人生・折れない暮らし」をつくっていくためにはどうしたらよいかを考えていきましょう。

私は、個人の人生や暮らしのレジリエンスを考える際、土台としての「心理的なレジリエンス」と、大震災やテロといった「非常事態に対するレジリエンス」、そして、悪化していく温暖化や、食料やエネルギー、雇用やお金などが手に入りにくくなっていくなどの「じょじょに悪化していく状況に対するレジリエンス」の三つの側面から考えることが大事だと考えています。一つずつ、見ていきましょう。

◉心理的なレジリエンス

個人のレジリエンスを構成するものやレジリエンスを高めるために何が必要かを調べたさまざまな研究結果、レジリエンスを高めるコツを紹介する海外のガイドブックやウェブサイトなどから、「レジリエンスの構成要素」を集めて分類したところ、次の四つのグループに分けることができました。

①自分を否定するのではなく、欠点や足りないところはあるにしても、基本的にこの自分でよいのだという、基本的な「自己肯定感（自尊感情）」

②何かうまくいかないことが起こったときに、その状況や問題を自分を萎縮させるのではないやり方でとらえる「楽観的な思考」

③具体的な問題に対処するための「問題解決スキル」や、他の人とうまくやりとりするための「対人スキル」などの「社会的スキル」

④何かあったときに自分を支えてくれる、頼れる人々やグループなどの「ソーシャル・サポート」

「自分には①や②が必要だ」と思う方は、第4章で紹介している認知心理学を基礎とするセリグマン博士の「ABC思考法」や、「ペン・レジリエンス・プロジェクト」のアプローチを採り入れてみるとよいでしょう。悲観志向がくせになっているとしたら、最初はぎこちなくやりづらいかもしれませんが、時間をかけて自分の思考のくせを直していくことはできます。また、小さなことでも一つずつ、「できたこと」を確認していく作業を行うことで、自己肯定感がはぐくまれることでしょう。

また、私たちのストレスや問題の多くは、対人関係の文脈で生じます。したがって、③の「問題解決スキル」や「対人スキル」といった社会的スキルを身につけることも役に立ちます。論理的思考、システム思考、傾聴、きちんと主張する力、対話力、合意形成力など、さまざまな参考書籍があります。セミナーやコースを受講するのもよいでしょう。

大変なことやつらいことがあったとき、すべてを自分だけで対処するのは難しいものです。そこで、④も大事になってきます。私は「人脈力」セミナーで、この④を強めるお手伝いをしていますが、大事なポイントは、

・「人脈力」とは「交換した名刺の数」ではない。自分のネットワークの質や多様性、反応度も意識すること

・手を差し出してもらう前に、自分から差し出すこと（互恵性）が鍵

・ソーシャル・サポートを得られるネットワークを構築・維持するためには、きちんとそのための時間をとって、計画→実行→振り返りのプロセスを繰り返していくこと

などです。少しずつでも意識して実行してみて下さい。

あと二つ、心理的なレジリエンスを高めるのに役立つ考え方だと思うものを挙げましょう。その一つは、序章で次のように述べたことです。

自分のアイデンティティが「○○会社の××部長」だけだったら、会社が倒産したり失職・左遷したりすると、ぽきっと折れてしまうかもしれませんが、「夫であり、父親でもあり、地元の少年野球

チームのコーチでもあり、同窓会の仲間のひとりでもあり……」とさまざまな「自分」を持っていれば、「どれか一つがうまくいかなくても、全体が倒れてしまうことはない」強さを持つことができます。

つまり、マルチ・アイデンティティ（複数の自分）を持つよう意識しましょう、ということです。私は企業研修で、「会社勤めは大事だけど、自分をそれだけで定義するようになってはいけませんよ」と言って、自分の名刺の社名や部署名、役職をホワイトで消してもらい、残ったもの（自分の名前だけ）で自己紹介をする、という演習をしてもらうことがあります。これまでの経験では、名前だけでの自己紹介に苦労する人は男性に多いようです。「会社以外でのアイデンティティも持つこと」は、定年退職後のレジリエンスのためにも（家庭の平和のためにも）重要なポイントではないかと思います。

このマルチ・アイデンティティという考え方は、研究によって理論的にも支持されているようです。田端拓哉氏らは次のように説明しています[1]。

自己複雑性理論に基づけば、自己が多様な側面に分化していれば、ネガティブな出来事によってある側面がダメージを受けても、その影響が自己全体に波及することを防止できるだけでなく、他の側面によってそれを補償し積極的に対処することも可能になると考えられる（Koch & Shepperd, 2004; Linville, 1985, 1987; Rothermund & Meiniger, 2004）。

すなわち、自己複雑性はレジリエンスを高める機能があるといえる（Rafaeli & Hiller, 2010）。社会的アイデンティティ数の増加は、自己複雑性の増大を意味することから、社会的アイデンティティ数の増加によってうつや不安など不適応症状が緩和されるとすれば、それはレジリエンスが高められたためと考えることも可能である。

もう一つ、個人のレジリエンスを高める上で大事なポイントは、「我慢すること」で「欲求不満耐性」を高めること、つまり「克己」です。第4章でセリグマン博士の言葉を引用しました。

子どもが「できるようになる」ためには、失敗し、不愉快に感じ、成功するまで繰り返しやりつづける必要があります。課題をやりとげるための小さなステップでの失敗やつまずきは無数にあります。（中略）多くの場合は、辛抱強くつづけてはじめてやりとげられるのです。

子どもは失敗すべきなのです。悲しみや不安、怒りを感じなくてはなりません。私たち大人が子どもを失敗から守ろうとすると、子どもは困難に立ち向かう力を身につけられなくなってしまいます。

ここでは子どもにとっての「我慢する力」の大事さを述べていますが、この〝失敗に耐える力〟〝我慢する力〟は、大人にも必要だと思うのです。何でも指先一つで注文し、即日か翌日配達され、だれとでもSNSですぐに連絡がとれる今日、便利さの一方で、人々の「待つ力」も弱くなってきているような気がします。

こういう時代だからこそ、「多少不満でも我慢する」「すぐに手に入らなくても待つ」「失敗して、それでもめげずにやり直す」ことを、私たち大人も意識して実行していくことです。それは子どもたちにとってのよいお手本になるだけではなく、私たち自身のレジリエンスを高めることにつながります。

「心理的なレジリエンス」の最後に、米国心理学会のウェブサイトに掲載されている「レジリエンスをはぐくむ10の方法」[2]を紹介しましょう。これまで紹介してきたさまざまな側面が大事であることがわかります。

「レジリエンスをはぐくむ10の方法」（米国心理学会）

① **「つながりを持とう」**：自分のことを気にかけてくれ、自分の話に耳を傾けてくれるはずの人たちから助けてもらったり支えてもらったりすることが大事です。

② **「危機に直面したとき、乗り越えられないものと思わない」**：ストレスの大きな出来事が起こるという事実は変えられませんが、自分がそういった出来事をどう解釈し、それらにどう対処するかを変えることはできます。

③ **「変化は人生の一部だということを受け入れよう」**：変えられない状況を受け入れることで、自分が変えられる状況に焦点を当てられるようになる可能性があります。

④**「目標に向かって進もう」**：「私が行きたい方向に進むのに役立つことのうち、今日私が成し遂げられるのは何だろうか」と現実的な目標を設定することが大事です。

⑤**「断固たる行動をとる」**：問題やストレスが消えてなくなればいいと願うのではなく、断固たる行動をとりましょう。

⑥**「自己発見の機会を見つけよう」**：喪失感に苦しんだ結果、自分自身について何かを学ぶことも多く、成長したことに気づくかもしれません。

⑦**「自己肯定感を育てよう」**：自分の問題解決能力への自信をつけ、自分の直感を信じることは、レジリエンスを育てるのに役立ちます。

⑧**「物事を正しくとらえよう」**：つらい状況でも、その状況をより幅広くとらえ、長期的な視点を保ちましょう。

⑨**「将来の見通しに希望をもとう」**：自分が恐れていることを心配するのではなく、自分の望むことを思い描きましょう。

⑩**「自分を大切にしよう」**：自分自身が必要としていることや感じていることに気を配り、自分が楽しめリラックスできる活動に関わり、習慣的に体を動かすなどによって、レジリエンスを必要とする状況に対処できるこころと体を保つことができます。

◉非常事態に対するレジリエンス

大震災などの非常事態に対するレジリエンスは、大きく二つに分けて考えることができるでしょう。一つは、「防災グッズの準備や防災訓練、非常時の家族などとの連絡方法の確認」など、非常事態発生時の対応を考え、準備しておくこと。もう一つは、「数日間、電力やガス、水や食料などのライフラインが途絶しても、何とか生き延びられるようにしておく」ことです。

これらは、これまでも政府や自治体などから「災害に備える」ために呼びかけられてきたもので、「防災の知恵」「防災グッズ」などに関する多くの書籍やウェブページがあります。もしまだ災害への備えをしていなければ、これをよい機会としてぜひ進めて下さい。

政府の地震調査委員会が発表した2014年版「全国地震動予測地図」[3]によると、30年以内に震度6弱以上の揺れが起こる確率が70％以上あるのは、水戸、千葉、横浜、高知。50％以上は、さいたま、静岡、津、和歌山、徳島、高松、大分と、全国のあちこちに高いリスクがあることがわかります。ちなみに、東京が30年以内に震度6弱以上の揺れに襲われる確率は45・8％とのこと。自宅で被災したら？　職場で被災したら？　移動中に被災したら？　といろいろなケースを想定して、準備をしておきましょう。

自治体や各地の防災センターなどから、防災に関するさまざまなパンフレットが出されています。また、ウェブサイトにもさまざまな情報が載っていますから、それらを参考に、家族や同僚とも話し合って、備えをしておきましょう。

内閣府の「防災情報のページ」には、「震度6の体験シミュレーション」ができる防災シミュレータ[4]があります。これらを用いて、「いざというとき、どうしたらよいか」を家族とともにシミュレーションしておけば、いざというときのとっさの対応と生き残りの確率に違いが生まれることでしょう。

避難時に持ち出すなどの「防災グッズ」も、さまざまなところから「防災グッズの一覧表」などが出されていますから、それらを参考にそろえておくか、そのまま持ち出せる「防災バッグ」などを購入して備えておきましょう。自宅だけではなく、職場や移動中の被災にも備えられるよう、職場でも防災グッズを整えたり、最低限必要なものは通勤バッグなどに入れておくなどしましょう。

大震災などが起こって「数日間から数週間、ライフラインが途絶える」可能性に対して、自宅ではどのように準備をしたら良いでしょうか？『成長の限界』の主著者でもあり、近年レジリエンスの研究・実践を進めているデニス・メドウズ氏はこう教えています。

「自分の家を一つのボックスだと思ってください。ふだんは、そこに入ってくるもの、そこから出て行くものがあって、暮らしが成り立っています。食料、水、電力やガスなどのエネルギーが入ってきて、下水・排水やゴミなどが出ていくでしょう。そのボックスへの出入りが止まってしまった

図9-1　自分の家に入ってくるもの、出て行くものを考える

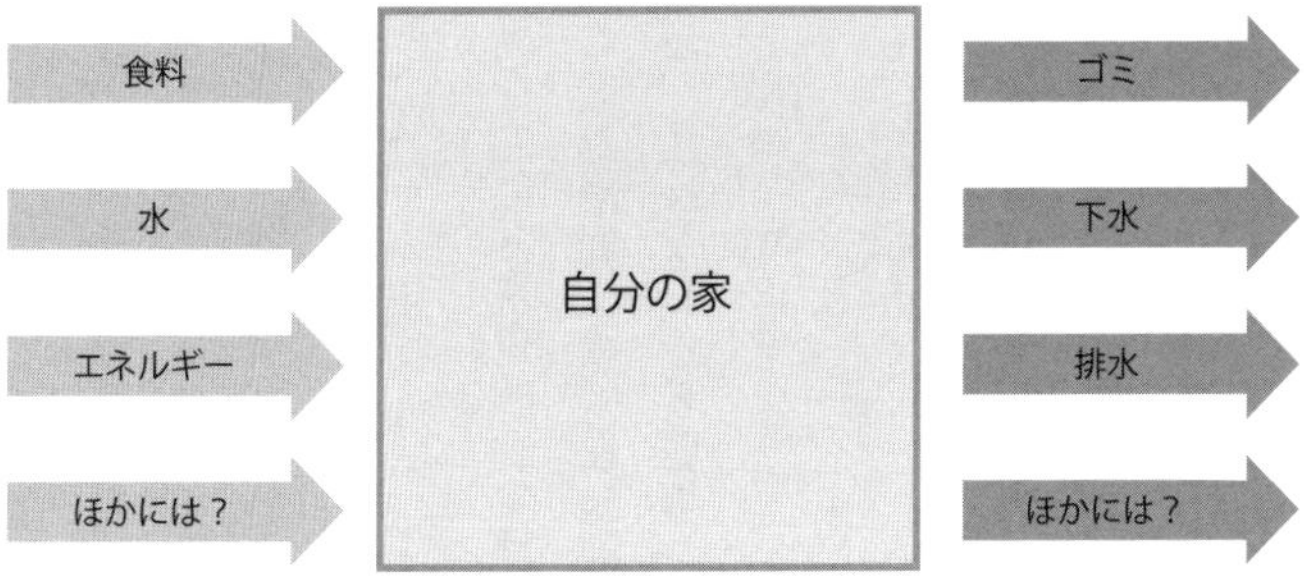

らどうするかを考え、必要な手を打ってください」。

食料や水の買い置きをしている家庭は多いとも思いますが、忘れがちなのが「エネルギー」です。太陽光発電パネルを設置しているなら「自立運転」への切り替え方法を確認しておきましょう。持ち運びのできる非常用の太陽光発電パネルもありますし、照明のほか、ラジオや携帯電話の充電ができる小さな手回し発電装置もあります。カセットコンロやカセットボンベのほか、暖房が使えなくても凍えないよう、性能の良い防寒具も役に立つでしょう。ライフラインが途絶するときには下水も止まることから、非常用トイレも備えておくとよいでしょう。

こういった「各家庭での準備」に加えて、近隣コミュニティとの〝助け合える〟つながりをふだんからつくっておくことも大事です。何もない平時には、近所とのつきあいは煩わしく面倒に思えることもあるかもしれませんが、ちょっとした雑談や挨拶を交わすだけでも、いざというときに〝助けてくれる、支えてくれる〟関係につながります。

ハリケーン・サンディで被災した2025人を対象に、

AP通信とシカゴ大学全国世論調査センターが共同で行った調査から、「ハリケーンの前、最中、後に、最も重要な支援の提供元は、友人、家族、近所の人々だった」ことがわかりました。[5] そして、「社会的なつながりや信頼があまりない地域では、食料や水の買いだめに走り、略奪や盗み、破壊行為も多いなど、被災後の回復がより困難だった」という調査結果をもとに、「地域社会の信頼のレベルが、その地域のレジリエンスと復興の重要な目安になる」と述べています。

◉じょじょに悪化していく状況に対するレジリエンス

大震災などの非常事態への備えとともに、「このままいくと、じょじょに悪化していく状況」にも備えることが必要です。次に述べることは「極端な話で、ありえない」と思うものもあるかもしれませんが、私はこれから暮らしていくには、しっかり考え、できるところからシフトしていく必要があると思っています。

◉どこに住むか?

たとえば、このまま温暖化が進めば、大雨や洪水のリスクが高まる地域が出てきます。沿岸部では、海面上昇と異常降雨が相まって地盤がゆるんだところに地震が起きると、地面が液状化して建物が崩壊するリスクも考えられます。とすると、温暖化の被害や災害の起こる可能性に照らし合わせて、そもそも「どこに住むのか?」を考えることも、長期的なレジリエンスの一環となってくるでしょう。

◉食料が輸入できなくなったら？

「21世紀は水問題の世紀」と言われるように、水不足の問題が地球規模で顕在化してくるでしょう。「日本は水に恵まれているので、大丈夫」と思っているかもしれませんが、世界の水不足は、「水」ではなく「食料」という形で、日本に暮らす私たちへの衝撃となる可能性があります。

日本はカロリーベースで約6割の食料を輸入に頼っていますが、食料をつくるには水が必要です。1キログラムの小麦や米をつくるには1トン、つまり1000倍の水が必要だと言われます。地球上の淡水の量は決まっているので、都市用水や工業用水として使われる水が増えるにつれて、農業用水として使える分が減り、温暖化による異常気象もあって、世界の食料生産国では前ほどの収穫量が上がらない、または減りつつあるところもあります。どんな国でも自国民の食料が不足する事態は避けたいため、食料の禁輸・輸出制限を行う国も増えています。

この「水と食料」をめぐる世界の状況は悪化の一途をたどるだろうと懸念されています。果たして日本はこれまでのように、買いたいだけの食料を買い続けることができるのでしょうか？　また、「日本の財政状態が悪化して、海外に食料があっても買えない」状況も考えておくべきかもしれません。

としたら、食料をいつまでも輸入に頼っていることはできないと考え、輸入が途絶えても大丈夫な国・地域・家庭に少しずつシフトしていくことです。家庭菜園や、田畑を借りて自家用のお米や野菜をつくるのもよいでしょう。いざというときに食べ物を送ってもらえる農家とのつながりをつくっておくのもよいでしょう。こういったことを通じて、食べ物をある程度自分たちや地域で確保できるようにしておくことは長期的なレジリエンス強化に必須だと考えています。

◉エネルギーの輸入が難しくなってきたら？

エネルギーについても同じことがいえます。しばらくは、シェールガスやメタンハイドレードなども含め、化石燃料を使い続ける国も多いと思われますが、化石燃料は枯渇性なので、いずれは枯渇するか、採掘コストが上がりすぎて利用できなくなってくると考えられます。石油の価格は、さまざまな投機や地政学的な要因で変動しますが、石油生産量が頭打ちになる「ピーク・オイル」は2004年から今にかけての時期だと言われています。ピーク・オイルの次には、ピーク・ガスが来るでしょう。世界の国々が再生可能エネルギーに力を入れているのは、温暖化対策の一環でもありますが、化石燃料からの脱却のためでもあるのです。

日本でも再生可能エネルギーが増えてきていますが、第8章で書いたように、レジリエンスの観点からは、「再生可能エネルギーをつくることで、域外からのエネルギーが途絶したときにも、地域の重要なインフラや経済、暮らしが続けられるようになったか？」が重要です。

そういった観点で、家庭や地域での再生可能エネルギーを増やしていくことは、レジリエンス強化には不可欠でしょう。可能なら自宅に太陽光発電を設置することは、温暖化対策や電気代の節約だけではなく、レジリエンスの観点からも望ましいでしょう。長野県上田市などでは、自宅には太陽光発電が設置できなくても、広い屋根のおうちに設置するときに、「あいのり」させてもらうしくみもあります。全国で「ご当地電力」が広がりつつありますが、地域で力をあわせて「コミュニティ電力」を始めるのも地域と暮らしのレジリエンスにつながります。

◉輸入や長距離輸送のコストが増大していったら？

「エネルギー」というと、電力やガスをイメージする人が多いのですが、今後は「輸送用のエネルギー」が重要になってきます。ヨーロッパなどでは総電力の3分の1以上を風力発電などでまかなう国がいくつもあるなど、電力は再生可能エネルギーでまかなえるようになりつつありますが、最後に残るのが輸送用エネルギーだからです。

電気自動車、水素自動車、藻による自動車や航空機用燃料の生産など、これまで化石燃料にほぼすべてを頼っていた輸送用エネルギーの代替の開発・実用化が進められていますが、少なくとも当面の間は、化石燃料の枯渇や価格上昇に伴って、輸送用エネルギーの価格が上昇していき、安い石油の時代には安かった長距離輸送のコストが上がっていくと考えられます。島国・日本にとっては、輸入がしづらくなったり、輸入品の値段が上昇していくとも考えられます。

とすると、食料だけではなく、他のモノも輸入や遠距離輸送に頼るのではなく、できるだけ地域で使うものは地域で生産するほうがコスト的にも見合うようになってくるでしょう。元新潟県知事の平山征夫氏は「地域でつくったものを地域で消費する〝地産地消〟ではなく、地域で必要なものを地域でつくる〝地消地産〟が大事だ」と述べています。地消地産ができる地域にしていくことは、輸送コストの上昇にも負けない地域と暮らしをつくることにもなります。

◉円が使えなくなったら？

あまり考えたくないことですが、大恐慌や円の大暴落、国としての財政破綻といった事態が起こっても、「それでも自分たちの暮らしや地域は大丈夫」ということのできるレジリエンスを考えておいたほうがよい状況になりつつあるようです。

こういった状況では、モノやサービスの売買に使う「円」という通貨が、以前と同じようには使えなくなる可能性があります。第8章で紹介したギリシャのように、「地域通貨」があれば、その国の通貨が使えない状況に陥っても、地域でのモノやサービスのやりとりを続けることができるでしょう。

さらに、危機が起こってから地域通貨をつくり出すより、地域で平時から地域通貨が国家通貨と共存して使われていれば、危機が生じたときもより安心でしょう。島根県の海士町では、「ハーン」という地域通貨が使われており、ほぼどの商店でも「ハーン」が使え、町役場の職員のボーナスの一部も「ハーン」で支払われているそうです。こういう地域なら、たとえ円が使えなくなっても、必要なモノやサービスのやりとりを続けることができそうです。

◉雇用が消えていくとしたら？

英オックスフォード大学のＡＩ（人工知能）などの研究者・マイケル・オズボーン准教授らの「雇用の未来━コンピュータ化によって仕事は失われるのか」[6]という、今後どれだけコンピュータ技術によって自動化されるかを予測した研究があります。「今後10〜20年ほどで、米国の総雇用者の約47％の仕事が自動化されるリスクが高い」という結論に至ったというもので、「消滅確率90％以上」とされた職業には、「銀行の融資担当者」「不動産ブローカー」「レジ係」「レストランの案内係」「弁護士助手」など、これまでコンピュータに置き換えられるだろうといわれてきたルーティン業務以外の職業もたくさん入っています。

アル・ゴア氏も『アル・ゴア　未来を語る』で、「ネットワーク化された機械知能と人工知能はまもなく、世界経済のさらに広範囲の部門で、はるかに多くの雇用を危機にさらすことになるかもしれない」と書いており、この新たに出現しつつある現実に適応するために、私たちは近いうちに、自分たちの潜在的な生産力と自分たちのニーズを満たすために必要な収入とを交換する方法を考え直す必要があるかもしれないと述べています。

工場などでロボットが生産を担うようになってきたように、ホワイトカラーの仕事が担えるほど人工知能などが発達してきているのです（これらを合わせて「ロボットソーシング」と呼んでいます）。

ロボットソーシングは、高度に知的な職業であると考えられてきたジャーナリズムにも影響を及ぼし始めているほどです。ゴア氏の書籍には、研究者が設立したある自動報告書作成会社では、スポーツ・イベントや財務報告書、政府の調査からの統計データを分析するアルゴリズムを用いて新聞や雑誌向けの記事を作成しており、「一度に一つのストーリーではなく、一度に数百万のストーリーを書くことができる」という例が載っています。

ロボットソーシングの動きが加速しているのは先進国だけではありません。「中国の消費者向け電子機器メーカーであるフォックスコンは2012年、今後3年間に100万台のロボットを新たに配備すると発表した」とのこと、このような新興工業国や発展途上国でのロボットソーシングの急速な展開は、先進工業国からつい最近アウトソーシングされた雇用の伸び率を打ち消し始めているほどだとゴア氏は書いています。

従来からのITによるアウトソーシングにこのようなロボットソーシングが加わった構造的転換は、何をもたらすのでしょうか？　ゴア氏は「多くの企業や産業で同時進行中のこのプロセスがもたらす影響の総和は、雇用の大幅な減少を生み出す。労働投入量に対する資本投入量の比率が大幅に変わり、先進工業国の労働者の賃上げを要求する力が弱くなる。この労働力に対する技術の相対的価値の変化が加速しつづけると、格差の拡大も加速しつづけるだろう」と述べています。

「実際、米国では、この10年間、生産性は1960年代以降で最も大きく伸びているのに、大恐慌以降で初めて純雇用創出ゼロの10年間となっており、企業利益は健全な増加率を取り戻したが、失業率はほとんど下がらなかった。設備やソフトウェアに対する米国企業の投資額は30％近く増えたが、民間部門の雇用への支出は2％しか増えておらず、一方、北米の新しい産業用ロボットの発注高は41％伸びている」。

ゴア氏の言うように、「はるかに多くの雇用が危機にさらされるようになり、自分たちの生産力と自分たちのニーズを満たすのに必要な収入との交換方法を考え直さなくてはならなくなる」時代がやってくるのだとしたら、今からどのようなシフトを考え、実行に移していくことが必要でしょうか？

一つには、「地域で必要とされる仕事」を探したり、つくっていくことではないでしょうか。それは大規模で大きな利益を上げられる仕事ではないかもしれません。「資本を投入してアウトソーシングしたりロボットソーシングするには効率が悪すぎる」小規模なビジネスや仕事が最後には残るのかもしれません。

哲学者の内山節氏は、私の主宰する幸せ経済社会研究所の『経済成長について100人に聞く』プロジェクトのインタビューに対して、「これからはローカル商圏と家業の時代だ」と答えています。[7] 具体的な例として、「ケーキ屋さんを開くとか、ご夫婦でやっている若い人がけっこういるんです。そこではたぶん、1万人のお客さんは要らないんですね。1日にたとえば、100人くらい、場合によっては30〜40人が買いに来てくれれば回る経済でしょう。30〜40人来るためには、その10倍か20倍くらいのお客さんが必要かもしれないけど、5万人、10万人は絶対要りません。来てくれる人たちを大事にする経営をすればよいのです」と述べています。

ローカル規模の仕事づくりと同時に、「今ほどお金がなくてもよい暮らし」へのシフトをはかっていくことも大事なポイントでしょう。それはとりもなおさず、「今はお金で買っている食料やエネルギーのうち、家庭や地域でまかなえる割合を高めていく」ということでもあり、本章で述べてきたさまざまな観点とも重なります。

また、「幸せの貨幣依存度」を下げていくこともできるでしょう。自分の幸せのうち、どのくらいがお金がないと手に入らないものなのかを考え、そうではない幸せを増やしていくのです。ショッピングやグルメができなくても、ハイキングやジョギング、仲間や近所とのご飯の持ち寄りパーティー、植物を育てる楽しみ（食べられる植物なら自給力にもつながりますね！）など、お金経由ではない幸せを増やしていくことができれば、「収入が減ったら不幸せになった」という事態を避けることができるでしょう。

◉わが家と地域の〝自給力〟を高める

これまで述べたことをまとめると、「わが家と地域の〝自給力〟を高め、〝貨幣依存度〟を下げていく」ことが大きな鍵を握っている、といえるでしょう。ここ数年、日本の各地で意識や実践が広がってきた「降りてゆく生き方」「ダウンシフターズ」や「半農半X」といった個人の生き方、そして、第8章でも紹介した「トランジション・タウン」といった地域づくりがめざしている方向です。

地域でいえば、どれだけ地域に工場を誘致し、お金をひっぱってくるかだけではなく、どれだけ地域内でお金が循環し留まるか、という観点を重視する「自立型地域経済」への取り組みも、暮らしと地域のレジリエンスを高める動きです。

こうした地域のレジリエンスを高める取り組みは、個々人や個々の家庭だけでは進めることができません。地域のつながり（社会関係性資本とも呼ばれます）をベースに、地域とともに地域に働きかけていく必要があります。

現在、自分の地域でトランジション・タウンやまちづくりを進めているグループや動きがあれば、連絡したり集まりに顔を出してみたりして、すぐに合流するかどうかは別として、つながりをつくっておくとよいでしょう。

今のところ地域にそういう動きがない場合は、地域のお祭りやイベントに参加するなどして、何らかのきっかけで地域の人々と顔見知りになることから始めましょう。町内会などの活動に参加するのもよいでしょう。また、地域の商店で買い物をすることは、地域でのつながりを生むほかに、地域経済の強化にもつながるでしょう。


個人の人生や暮らしのレジリエンスを考える際に重要な、「心理的なレジリエンス」、「非常事態に対するレジリエンス」、「じょじょに悪化していく状況に対するレジリエンス」の三つの側面について、考えるべき・すべきだと思っていることを書きました。もちろん、これがすべてではありませんが、最初のとっかかりやきっかけになればと思います。

大事なことは、「これからの世界や社会がどうなっていくか」と先を見、考えること、未来の起こりうるシナリオを考え、そのどれがやってきても「人生や暮らしがぽきっと折れてしまわない」よう、備えをしておくことです。本章が、みなさんの「レジリエンスの高い人生と暮らし」に少しでも役立つヒントとなることをこころから願っています。

おわりに

いつ何時、何がどんな形で起こるかわからない不確実で不安定な世界を、しなやかに強く生き抜いていくための本を書きたいと思いました。そのためには、先を見る力や、日々の出来事の根底にある構造を見抜く力を培うとともに、人生、暮らし、地域や社会などあらゆる面でレジリエンスを高めることが鍵を握っています。

まちづくりや地域づくり、地域での再生可能エネルギー、地産地消、絆づくりなどに取り組んできた方々は、「自分たちのやってきたことは、レジリエンスを高める取り組みでもあるのね」と思われたのではないでしょうか。その通りなのです！

レジリエンスとは、個々の要素の特性ではなく、さまざまな要素がつながり合ってできているシステムの特性です。「ここを強化すれば良い」という単発の取り組みではなく、さまざまな側面から考え、取り組むことが重要であることを再度お伝えしたいと思います（状況や構造をシステムとしてとらえる見方については、『なぜあの人の解決策はいつもうまくいくのか？』『世界はシステムで動く』などのシステム思考の入門書のほか、セミナーやワークショップも開催しているので、ぜひ参考にしてください）。

そして、これからニュースや身のまわりの出来事を見る際にも、何かをやろうとしたときにも、「これはレジリエンスを高めるだろうか？　それともレジリエンスを弱めるだろうか？」という視点を持ってもらえたら、ふつうなかなか気づかない〝レジリエンスの世界〟が見えてくることでしょう。

レジリエンスを大事にしていく上でのコツだと思っていることをいくつかお伝えしましょう。

一つは、「短期的な効率」と「中長期的なレジリエンス」の両方の〝メガネ〟をかける癖をつけること。企業にとって、「拠点やサプライヤーの分散」は、短期的にはコストアップになるかもしれませんが、中長期的なレジリエンスは高まるでしょう。仕事で忙しい都会の人にとって、「近所の人たちとの雑談」は何の役にも立たないと思えるかもしれませんが、何かあったときの助け合える関係につながるかもしれません。転んだ子どもを抱えて保育園まで走ることで、次の電車に乗れるかもしれませんが、子どもの「自分で立ち上がる力」や自己肯定感はどうでしょうか？　どちらを優先するかは時と場合によるとしても、両方のレンズで見ながら判断する癖をつけることは、片方のレンズでしか見ない場合に比べて、確実にレジリエンス強化につながります。

もう一つは、小さなことからでもよいので、早く取りかかること。レジリエンスを高めるには時間がかかることも多くあります。食材の買い置きはすぐにできるかもしれませんが、絆やつながりをはぐくんだり、これまでの考え方や組織の文化を変えたり、地域の自給率や自給力を高めたりすることは一朝一夕にはできません。ゆっくりでしか変えられない構造もあるのです。

そして、時にはスローダウンする時間を持つこと。ゆっくり走っている自転車は、高速で疾走する自転車に比べて、外的な衝撃に耐えられる可能性が高いでしょう。また、時速40㎞で走っている自動車の運転者の視野は100度であるのに対して、時速130㎞では視野は30度になってしまうそうです。高速運転では、外的な衝撃の兆候を見逃す危険性が高くなってしまいます。

「レジリエンス」に出会って日本に広く伝えたい！と思ってから10年、やっとこの入門書をお届けでき、とてもうれしく思います。一人ひとりの人生や暮らし、組織や地域、社会のレジリエンスを高めるために少しでも役に立てれば、これ以上の喜びはありません。今後も新しい知見や事例などをウェブサイトなどで情報発信していくつもりですので、よかったらご覧ください。

「レジリエンス」を最初に教えてくれたブライアン・ウォーカー氏、ブライアンを招いてレジリエンスに関する研究合宿を開催したバラトングループ、システム思考とレジリエンスの師であるデニス・メドウズ氏、講演やメールニュースでレジリエンスを紹介した時「これは大事だ」と励ましてくれた参加者や読者の方々、本書の執筆を支えてくれた新津尚子さん、佐藤千鶴子さん、丹下陽子さん、オフィスのスタッフの皆さん、そして東洋経済新報社の編集者・中村実氏に深く感謝します。

深い愛情と〝待つ育児〟でめげない子どもに育ててくれた父と母にこの本を捧げます。

２０１５年2月

枝廣淳子

http://www.oxfordmartin.ox.ac.uk/downloads/academic/The_Future_of_Employment.pdf
(7) 「経済成長について100人に聞く：内山節さん」幸せ経済社会研究所
http://ishes.org/project/responsible_econ/enquete/enq017_uchiyama.html

第8章

(1) Gore, Al (2014) *The Future*, WH Allen.（枝廣淳子・中小路佳代子訳『アル・ゴア　未来を語る：世界を動かす6つの要因』KADOKAWA、2014年）

(2) Hopkins, Robert (2008) *The Transition Handbook: From Oil Dependency to Local Resilience*, Green Books.（城川桂子訳『トランジション・ハンドブック：地域レジリエンスで脱石油社会へ』第三書館、2013年）

(3) 藻谷浩介・NHK広島取材班（2013）『里山資本主義——日本経済は「安心の原理」で動く』角川書店

(4) The Schumacher Center for a New Economics, Community Supported Industry:
http://www.centerforneweconomics.org/e-newsletters/community-supported-industry

(5) Yes! Magazine, "Beyond the CSA: Four Ways Communities Support Everything From Books to Beer"
http://www.yesmagazine.org/happiness/beyond-the-csa-four-ways-communities-support-everything-from-health-care-to-beer

(6) Slow Money　https://slowmoney.org/

第9章

(1) 田端拓哉・向井有理子・宮崎弦太・池上知子（2012）「社会的アイデンティティの多様性と調和性が精神的健康に与える影響：大都市部大学生の場合」『都市文化研究』14号、pp.70–79.

(2) The American Psychological Association, 10 ways to build resilience:
http://www.apa.org/helpcenter/road-resilience.aspx

(3) 地震調査研究推進本部地震調査委員会「全国地震動予測地図2014年版：全国の地震動ハザードを概観して」
http://www.jishin.go.jp/main/chousa/14_yosokuchizu/index.htm

(4) 内閣府「防災シミュレーター」
http://www.bousai.go.jp/simulator/shindo6/index.html

(5) The Associated Press-NORC Center for Public Affairs Research (2013) "Friends, Kin Key to Sandy Survival"
http://www.apnorc.org/news-media/Pages/News+Media/friends-kin-key-to-sandy-survival.aspx

(6) Frey, Carl Benedikt, and Michael A. Osborne (2013) "The Future of Employment: How Susceptible Are Jobs To Computerization?" Oxford Martin School.

(10) Community emergency plan template:
https://www.gov.uk/government/uploads/system/uploads/attachment_data/file/60928/Community-Emergency-Plan-Template-word.doc
(11) Community Emergency Plan Toolkit:
https://www.gov.uk/government/uploads/system/uploads/attachment_data/file/60925/Community-Emergency-Plan-Toolkit.pdf
(12) 中村八郎・吉田太郎 (2011)『「防災大国」キューバに世界が注目するわけ』築地書館
(13) 経済広報センター (2013)「災害への備えと対応に関する意識・実態調査報告書」
https://www.kkc.or.jp/data/question/00000089.pdf
(14) 日本政策投資銀行 (2013)「自治体の防災対策に関するアンケート調査」の概要
http://www.dbj.jp/pdf/investigate/etc/pdf/book1312_02.pdf
(15) 国土交通省国土交通政策研究所 (2013)「支援物資のロジスティクスに関する調査研究」『国土交通政策研究』111号、9月
http://www.mlit.go.jp/pri/houkoku/gaiyou/pdf/kkk111.pdf

第7章

(1) Resilient Communities for America Campaign
http://www.resilientamerica.org/
(2) 4 PATHS TO BUILDING RESILIENT CITIES AND COUNTIES:
http://www.resilientamerica.org/how-we-build-resilience/paths-to-resilience/
(3) Climate Extremes Communications Guidebook (2014)
http://www.icleiusa.org/library/documents/extreme-weather-guidebook-1/
(4) Thayer, Jim, Morgan Rider, and Daniel Lerch (2013) *Resilient Against What?: How Leading U.S. Municipalities Are Understanding and Acting on Resilience*, Post Carbon Institute
http://www.postcarbon.org/publications/resilient-against-what/
http://www.climateaccess.org/sites/default/files/pci_Resilient%20against%20what.pdf
(5) Lewis, Michael, and Patrick Conaty (2012) *The Resilience Imperative: Cooperative Transitions to a Steady-State Economy*, New Society Publishers.
(6) UNISDR (2012) How To Make Cities More Resilient: A Handbook For Local Government Leaders
http://www.unisdr.org/files/26462_handbookfinalonlineversion.pdf
(7) 100 Resilient Cities　http://www.100resilientcities.org/#/-_/

(13) パンフレット「地球温暖化から日本を守る 適応への挑戦 2012」
http://www.env.go.jp/earth/ondanka/pamph_tekiou/2012/
(14) 環境省熱中症予防情報サイト　http://www.wbgt.env.go.jp/
(15) 安城市雨水マスタープラン計画書：
http://www.city.anjo.aichi.jp/shisei/joreikeikaku/documents/mpbook.pdf
(16) 国土技術政策総合研究所（2013）「気候変動適応策に関する研究」（中間報告）
http://www.nilim.go.jp/lab/bcg/siryou/tnn/tnn0749pdf/ks0749.pdf
(17) 気候変動にともなう防災・減災を考える会：
http://www.cgr.mlit.go.jp/tottori/river/conference2/top_bunka.html
(18) 田中充・白井信雄編（2013）『気候変動に適応する社会』技報堂出版
(19) みずほ情報総研「地球温暖化影響に関するアンケート調査」（2013）
http://www.mizuho-ir.co.jp/publication/report/2013/pdf/ondanka0905.pdf

第6章

(1) 国土交通省「安心・安全で持続可能な国土の形成について（参考資料）」
http://www.mlit.go.jp/common/001061194.pdf
(2) 「防災からレジリエンスへ：共通目標に向かって共通言語で動ける体制」（2011）『リスク対策.com』27号
(3) FEMA, About the Agency　http://www.fema.gov/about-agency
(4) 務台俊介編著　小池貞利・熊丸由布治・レオ・ボスナー著（2013）『3・11以後の日本の危機管理を問う』（神奈川大学法学研究所叢書）晃洋書房
(5) FEMA, Hurricane Sandy: Timeline
http://www.fema.gov/hurricane-sandy-timeline
(6) National Risk Register of Civil Emergencies (2013)
https://www.gov.uk/government/uploads/system/uploads/attachment_data/file/211867/NationalRiskRegister2013_amended.pdf
(7) The National Resilience Capabilities Programme
https://www.gov.uk/preparation-and-planning-for-emergencies-the-capabilities-programme
(8) Strategic National Framework on Community Resilience
https://www.gov.uk/government/uploads/system/uploads/attachment_data/file/60922/Strategic-National-Framework-on-Community-Resilience_0.pdf
(9) Preparing for Emergencies: Guide for communities
https://www.gov.uk/government/uploads/system/uploads/attachment_data/file/60923/PFE-Guide-for-Communities_0.pdf

IPCC 第5次評価報告書第2作業部会報告書（環境省）：
http://www.env.go.jp/earth/ipcc/5th/index.html#WG2
IPCC 第5次評価報告書第3作業部会報告書（経産省）：
http://www.meti.go.jp/policy/energy_environment/global_warming/pdf/IPCCWG3_JPN.pdf
IPCC 第5次評価報告書統合報告書（環境省）：
http://www.env.go.jp/earth/ipcc/5th/index.html#SYR

(2) United Nations Environment Programme, Climate Change Adaptation:
http://www.unep.org/climatechange/adaptation/Default.aspx

(3) The EU Strategy on adaptation to climate change:
http://ec.europa.eu/clima/publications/docs/eu_strategy_en.pdf

(4) UK Government, Adapting to climate change:
https://www.gov.uk/government/policies/adapting-to-climate-change

(5) Climate Change Risk Assessment; Methodology Report
http://randd.defra.gov.uk/Default.aspx?Module=More&Location=None&ProjectID=15747

(6) The National Adaptation Programme; Making the country resilient to a changing climate
https://www.gov.uk/government/uploads/system/uploads/attachment_data/file/209866/pb13942-nap-20130701.pdf

(7) The White House, The President's Climate Action Plan 2013:
http://www.whitehouse.gov/sites/default/files/image/president27sclimateactionplan.pdf

(8) A Stronger, More Resilient New York:
http://www.nyc.gov/html/sirr/html/report/report.shtml

(9) Maryland at Risk: Sea-level rise adaptation & response
http://ian.umces.edu/pdfs/ian_newsletter_199.pdf

(10) Comprehensive Strategy for Reducing Maryland's Vulnerability to Climate Change, Phase I: Sea-level rise and coastal storms 2008
http://climatechange.maryland.gov/site/assets/files/1344/ian_report_197.pdf

(11) Comprehensive Strategy for Reducing Maryland's Vulnerability to Climate Change, Phase II: building societal, economic, and ecological resilience 2011
http://climatechange.maryland.gov/site/assets/files/1274/ian_report_299.pdf

(12) Resilient Communities for America Campaign　http://www.resilientamerica.org/

(10) 小塩真司・中谷素之・金子一史・長峰伸治（2002）「ネガティブな出来事からの立ち直りを導く心理的特性：精神的回復力尺度の作成」『カウンセリング研究』35巻1号、pp. 57-65.
(11) Maddi, Salvatore R., and Deborah M. Khoshaba (2005) *Resilience at Work: How To Succeed No Matter What Life Throws at You,* Amacom Books.（山崎康司訳『仕事ストレスで伸びる人の心理学：争わず、逃避せず、真正面から立ち向かう』ダイヤモンド社、2006年）

第3章

(1) The National Safe Schools Framework: https://www.education.gov.au/national-safe-schools-framework-0
(2) Bounce Back!　http://www.bounceback.com.au/
(3) MindMatters　http://www.mindmatters.edu.au/
(4) 針間博彦（2012）「レジリエンスを育む学校教育：オーストラリアでの取り組み」『臨床精神医学』41巻2号、pp. 181-186.
(5) The Penn Resiliency Project　http://www.ppc.sas.upenn.edu/prpsum.htm
(6) Reaching IN…Reaching OUT（RIRO）　http://www.reachinginreachingout.com/
(7) 深谷和子・上島博・子どもの行動学研究会（2009）『子どもの「こころの力」を育てる：レジリエンス』明治図書出版

第4章

(1) 深谷和子・上島博・子どもの行動学研究会（2009）『子どもの「こころの力」を育てる―レジリエンス―』明治図書出版
(2) Seligman, Martin E.P. (1995) *Optimistic Child: A Proven Program to Safeguard Children Against Depression and Build Lifelong Resilience.*（枝廣淳子訳『つよい子を育てるこころのワクチン：メゲない、キレない、ウツにならないABC思考法』ダイヤモンド社、2003年）
(3) 日本青少年研究所（2012）「高校生の生活意識と留学に関する調査」4月

第5章

(1) IPCC (2014) Fifth Assessment Report（AR5）　http://www.ipcc.ch/report/ar5/
IPCC 第5次評価報告書第1作業部会報告書（気象庁）：
http://www.data.jma.go.jp/cpdinfo/ipcc/ar5/index.html

(4) Walker, Brian, C.S. Holling, Stephen R. Carpenter, and Ann Kinzig (2004) "Resilience, Adaptability and Transformability in Social-ecological Systems," *Ecology and Society*, September.

(5) Folke, Carl, Steve Carpenter, Brian Walker, Marten Scheffer, Thomas Elmqvist, Lance Gunderson, and C.S. Holling (2004) "Regime Shift, Resilience, and Biodiversity in Ecosystem Management," *Annual Review of Ecology, Evolution, And Systematics*, Vol. 35: December, pp.557–581.

(6) TEEB (2010) *The Economics of Ecosystems and Biodiversity Ecological and Economic Foundations*, Edited by Pushpam Kumar, Earthscan.

(7) Walker, Brian, and David Salt (2006) *Resilience Practice; Building Capacity to Absorb Disturbance and Maintain Function*, Island Press.

(8) Assessing Resilience in Social-Ecological Systems: Workbook for Practitioners: http://www.resalliance.org/index.php/resilience_assessment

第2章

(1) Maslow, Abraham H. (1962) *Toward a Psychology of Being*, Van Nostrand Reinhold Company. (上田吉一訳『完全なる人間：魂のめざすもの』誠信書房、1998年)

(2) 三宅広美 (2010)「レジリエンスに着目した大学生のパーソナリティ理解：文章完成法と半構造化面接による検討」『創価大学大学院紀要』32集、pp. 355–384.

(3) 深谷和子・上島博・子どもの行動学研究会 (2009)『子どもの「こころの力」を育てる―レジリエンス―』明治図書出版

(4) 渋倉崇行 (2010)「レジリエンスと子どもの成長」『体育の科学』60巻1号、pp. 33–37.

(5) Walin, Steven J.M.D., and Sybil Walin Ph.D. (1993) *The Resilient Self: How Survivers of Troubled Families Rise Above Adversity*, Villard Books. (奥野光・小森康永訳『サバイバーと心の回復力――逆境を乗り越えるための7つのリジリアンス』金剛出版、2002年)

(6) 小花和Wright 尚子 (2004)『幼児期のレジリエンス』ナカニシヤ出版

(7) 中村有吾・梅林厚子・瀧野揚三 (2009)「発達段階別にみた本邦におけるレジリエンス研究の動向」『学校危機とメンタルケア』2巻、pp. 35–46.

(8) 荒井信成・上地勝 (2012)「高校生用レジリエンス尺度の信頼性と妥当性の検討」『筑波大学体育科学系紀要』35巻、pp. 67–72.

(9) 石毛みどり・無藤隆 (2006)「中学生のレジリエンスとパーソナリティとの関連」『パーソナリティ研究』14巻3号、pp. 266–280.

引用・参考文献

※できるだけ多くの情報源を掲載したいと思い、ウェブサイトのURLも掲載しています。ただし、URLは変更されたり消滅したりする可能性があります。その場合は、タイトルやキーワードで検索していただくと見つかる可能性もあります。

はじめに

(1) システム思考の入門書として、枝廣淳子・小田理一郎（2007）『なぜあの人の解決策はいつもうまくいくのか？：小さな力で大きく動かす！　システム思考の上手な使い方』東洋経済新報社

(2) Meadows, Donella H.（2008）*Thinking in Systems: A Primer*, Earthscan.（枝廣淳子訳　小田理一郎解説『世界はシステムで動く：いま起きていることの本質をつかむ考え方』英治出版、2015年）

序章

(1) The World Economic Forum（2013）"Global Risks 2013,"report, Executive Summary.
http://www3.weforum.org/docs/WEF_GlobalRisks_ExecutiveSummary_2013.pdf（翻訳は著者による）

第1章

(1) 「沖縄のサンゴ、回復力低下　赤土流入で生息面積減る　国環研と琉球大『農地対策必要』」『日本経済新聞』2013年4月4日付夕刊15面

(2) Meadows, Donella H., Dennis L. Meadows, Jørgen Randers, and William W. Behrens III（1972）*The Limits of Growth*, Chelsia Green Publishing.（大来佐武郎監訳『成長の限界：ローマ・クラブ人類の危機レポート』ダイヤモンド社、1972年）
Meadows, Donella H., Dennis L. Meadows, and Jørgen Randers（1992）*Beyond the Limits*, Chelsia Green Publishing.（茅陽一監訳　松橋隆治・村井昌子訳『限界を超えて：生きるための選択』ダイヤモンド社、1992年）
Meadows, Donella H., Dennis L. Meadows, and Jørgen Randers（2004）*Limits to Growth: The 30-year Update*, Chelsia Green Publishing.（枝廣淳子訳『成長の限界：人類の選択』ダイヤモンド社、2005年）

(3) Walker, Brian, and David Salt（2006）*Resilience Thinking: Sustaining Ecosystems And People in a Changing World*, Island Press, 2006.

【著者紹介】

枝廣淳子（えだひろ　じゅんこ）

幸せ経済社会研究所所長、東京都市大学環境学部教授、㈲イーズ代表、㈲チェンジ・エージェント会長、NGOジャパン・フォー・サステナビリティ代表。東京大学大学院教育心理学専攻修士課程修了。

『不都合な真実』の翻訳をはじめ、環境問題に関する講演、執筆、翻訳、テレビ出演ほか、企業の変革に向けてのコンサルティングや異業種勉強会等の活動を通じて、「伝えること」で変化を創り、「つながり」と「対話」でしなやかに強く、幸せな未来の共創をめざす。

2011年からは本当の幸せを経済と社会との関わりで学び、考える研究所を主宰。GDPだけでは測れない地域の幸せを高めていく考え方の枠組みや経済・社会のあり方について研究を進めるとともに、社会のさまざまな立場の人が対話と共創で問題解決を進められるよう、合意形成に向けての場づくりやファシリテーターを数多く務める。

主な著訳書に『システム思考』『もっと使いこなす！「システム思考」教本』（東洋経済新報社）、『アル・ゴア　未来を語る―世界を動かす6つの要因』（KADOKAWA）、『「定常経済」は可能だ！』（岩波ブックレット）、『世界はシステムで動く』（英治出版）ほか多数。

㈲イーズ　http://www.es-inc.jp/

幸せ経済社会研究所　http//www.ishes.org

レジリエンスとは何か
何があっても折れないこころ、暮らし、地域、社会をつくる

2015年3月26日発行

著　者――枝廣淳子
発行者――山縣裕一郎
発行所――東洋経済新報社
〒103-8345　東京都中央区日本橋本石町 1-2-1
電話＝東洋経済コールセンター　03(5605)7021
http://toyokeizai.net/

装　丁…………漆崎勝也（朝日メディアインターナショナル株式会社）
ＤＴＰ…………アイランドコレクション
印刷・製本……廣済堂
編集担当………中村　実

Printed in Japan　ISBN 978-4-492-04567-1